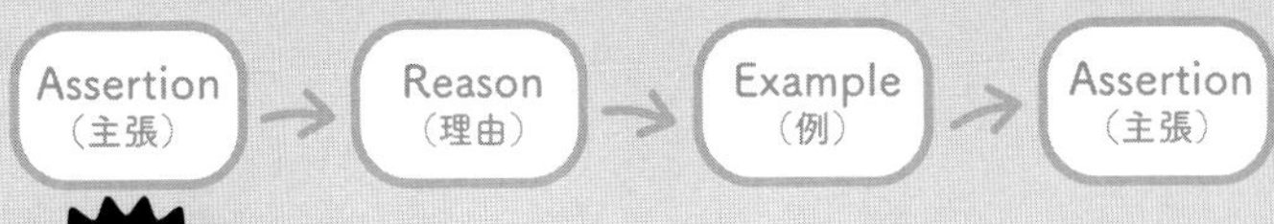

AREA

まったく話せない高校生が

半年で話せるようになり

1年で議論できるようになる

英語習得法

さいたま市立浦和高校教諭
浜野清澄

実務教育出版

純和製チームが世界で勝てた！——まえがきにかえて

わがインターアクト部は**2018年に世界大会で5勝**をあげることができました。その前の世界大会が2勝、その前がゼロ勝でした。着実に力をつけてきているという実感があります。

2019年は全国高校生英語ディベート大会の成績はふるわなかったのですが、2020年に入って、英語ディベートウインターカップは準備型ディベートの部で準優勝、即興型ディベートの部では準優勝に優勝と好調です。

さらにいえば、部から**英検1級が2名、英検準1級が23名**、誕生しました。

全国高校生英語ディベート大会で優勝したチームが世界大会に出場できるのですが、過去の日本チームが世界で2勝をあげるのがやっとというなかで、インターアクト部が5勝をあげたのは快挙といっていいでしょう。しかも、“純和風（日本の英語教育しか受けていないという意味)”の生徒だけで、その成績を残したのです。

わがチームが全国高校生英語ディベート大会で3回目の全国優勝を果たしたのが、2018年。しかし、道のりは平坦ではありませんでした。

2010年に初めて優勝し、日本代表として派遣されたスコットランド世界大会は全敗に終わり、世界のレベルの高さを身をもって知りました。

その屈辱を晴らすために、手探りで方法論を模索し、2度目の優勝を目指したのですが、なかなか手は届きませんでした。しまいに全国大会22位という厳しい現実を突きつけられました。

生徒たちを見ていると、独自の方法論が実を結びつつある、と実感できるのですが、結果がついてきません。もう2度とわれわれのような“普通の学校”は優勝できないのではないか、と諦めかけたことも1度や2度ではありません。自分の指導法にも自信をなくしかけていました。

しかし、5年後、念願の2回目の全国優勝を果たし、タイでの世界大会に臨みました。そこでなんと2勝（記録としては3勝）をあげ、それまで世界大会で結果を残せなかった日本チームの汚名を晴らすことまでできました。地道な改善と努力の結果でした。

私の編み出した方法論は本文で詳しく触れますが、**AREA（エリア）**という論理構造を用いて、与えられたテーマに沿って、話者と聞き手がマン・ツー・マンで交替しながら、短いスピーチをするというものです。

キーワードをメモし、それを見ながら30秒のスピーチをし、聞き手が質問し、今度は攻守ところを替えて、同じことをします。順繰りに相手を替え、慣れてくると時間を1分に伸ばし、できればメモも見ないようにします。こうやって負荷のかけ方を工夫するのが“**浜野メソッド**”です。このやり方だと、**半年ぐらいでディベート大会に出られる**ような実力がつきます。

私が生徒を誇りに思うのは、他校が帰国生や留学生を中心にチーム編成するなかで、“純和風”で勝ち上がり、成績を残していることです。

試合には勝ちたいと切実に思うのですが、精鋭をそろえてただ勝てばいいのか、という思いが私にはあります。全員で苦労しながら、そして楽しみながら学んで、結果がついてくるのが一番ではないかと思うのです。ディベート大会出場も教育の一環です。

たとえ、海外在住や留学の経験があっても、ディベートで勝てるとは限りません。海外の大会は「ディベート大会」であって、英語が話せるのは当たり前なのです。「強い論理力」や「幅広い知識」に「機敏な即応力」などがないと、世界では決して勝てません。

もうひとつ強調したいのは高校生のチームですからつねに生徒たち、つまり戦力が入れ替わるということです。3年生の5月になれば引退し、受験準備に入るので、実質部活動は2年生まで。

彼らはほぼ英会話力のない状態で入部し、半年もすると英語が話せるようになり、基本的なディベートができるようになります。2年生になれば、それこそ即興的に英語でコミュニケーションを図れるようになり、部の主軸として活躍します。そしてまた、次の世代の生徒と交替していきます。

確かな方法論がないと、強いチームであり続けることは難しいのです。しかも、いかに短期間で、難しい社会問題を論じられるほどに高いレベルの英語を身につけることができるかが問われるのです。

昨年（2019年）、インターアクト部の卒業生たちが、学校にやって来ました。東大や早稲田大や中央大などの名だたる大学に進んだ生徒たちです。

彼らが口をそろえて語っていたことがとても印象的でした。大学では英語によるディベートやプレゼンをする機会が多く、そんな授業で彼らが発表すると、みんな驚いて引いてしまうのだそうです。英語による課題文の提出でも、ほかの学生は四苦八苦の様子ですが、部活でみっちり鍛えられてきた彼らにすれば、難なくその課題を終えてしまうのだといいます。

ディベートとはあるテーマで、肯定側と否定側の意見を戦わせるものです。しかも試合で自分がどちらの立場になるか分かりません。ディベートのテーマは事前に知らされるものと、試合直前に教えられるものとに分かれます。

問題を肯定と否定の両面から眺め、多様な視点で見る姿勢は、確かな分析力となり、社会に出てから、大きな力になるはずです。会社の会議などで大きな議論になるのは、たいてい賛否が割れる議題であって、そんなときに強い論理の裏づけがあれば説得力が増すことでしょう。

2020年から大学入試の英語で、**4技能**（聞く、話す、読む、書く）が測られる予定でしたが、実施間際に延期が決定し、2024年度導入を目指すと変更されました。

とはいえ、学校で教える英語も、それを測る大学入試も、実用的なものにならざるを得ない、と私は考えています。東京都では2021年度から、公立高校の3年生全員にスピーキングテストを課すとしています。

私のいる**さいたま市立浦和高校では、インターアクト部で実施してきた「マン・ツー・マン方式」を普通科の授業でも週1で導入し、1年で飛躍的に会話力がつく生徒も現れ、その効果を実感**しています（2年生ではやはり週1ですが、50分フルのディベートを行っています）。

学校現場で生徒たちにどう4技能（聞く、話す、読む、書く）の指導をすべきか、と迷っている先生方もたくさんおられることでしょう。即戦力が求められるビジネスマンも、これぞ、という英会話習得のためのテキストを探している方もおられるでしょう。

そういう方々に、そして生徒やその親御さんにも読んでいただけるようであれば、大変ありがたく思います。

なお、本文中は原則として敬称を略させていただきました。ご了承ください。

2020年6月

浜野清澄

〈まったく話せない高校生が〉
半年で話せるようになり 1年で議論できるようになる
英語習得法

Contents

1章

帰国生も留学生もいない わがチームが、 なぜ世界で勝てたのか

2章

論理を強くしたら、 勝てるようになった

3章

ひたすら「話す回路」を作るトレーニング

4章

音とイメージを結びつけるトレーニング

1章

帰国生も留学生もいない
わがチームが、
なぜ世界で勝てたのか

TEAM

1

なかなか勝てずあがいた末の勝利

最初は2人

いまでこそ、市立浦和のインターアクト部といえば、部員は40名を超え、英語ディベート全国大会優勝3回といった実績を持つ、英語ディベートの伝統校のように見られていますが、14年前に初めて英語ディベートに取り組んだときには、部員は女子生徒2名しかいませんでした。

県大会に参加するには最低3名の部員が必要なので、授業で教えていた放送部の生徒に、ぜひにと頼み込んでチームの一員になってもらったほどです。あくまで助っ人で、籍は放送部に残したままでした。

当時、入部したての2人には、「秋にはディベート大会に出よう」と話をしました。彼女らは突然、予想していたインターアクト部の趣旨と違うことをいわれ、めんどうくさいことになったなぁ、という顔をしていました。

そもそもインターアクト部は、ESS（英語研究会）などの部活動とは違って、英語学習やディベートをするのが目的ではありません。全国の高校に同じ名前の部がありますが、どれも30年ほど前に、ロータリークラブ（社会奉仕活動をする団体）が主体となって創設されたものです。公立校ばかりでなく私立校にもインターアクト部は多くあります。

市立浦和高校のインターアクト部は、浦和東ロータリークラブの後援を受け、国際交流や社会奉仕、募金活動などのイベント活動に取り組んでいました。英語ディベートを始める前は、それほど定期的な活動があるわけではなく、入部した2人の1年生も時間を持て余しているようなところがあったのです。

私自身は大学時代にESSで英語によるディベートやディスカッションをやっていたので、もし機会があれば、英語ディベートを生徒たちにやらせてみたい、という気持ちが以前からありました。

当時は人事異動も少なく、インターアクト部の顧問にもすぐにはなれませんでした。たまたま14年前に顧問になることができ、生徒3名と手探りで英語ディベートの世界に入っていくことになりました。

埼玉県では、ほかに春日部（かすかべ）女子高校などもインターアクト部の名でディベートをやっています。ESSや英語部、ずばりディベート部という名称の部活動がある学校もあります。

半年の準備期間

例年3〜4月にその年の論題発表があります。県大会も全国大会も同じ論題で試合が行われます。ディベートの試合では肯定の立場と、否定の立場で議論をするので、両方の立場の議論の準備をしておく必要があります。

半年の準備期間があり、リサーチと練習を重ねていくことができるこのディベート形式を、**アカデミック・ディベート**といい、名前の通り「アカデミック」な議論が求められます。埼玉県では県予選会が秋に開催され、そこで3位までに入れば、12月の全国大会に進むことができます。

私が2名の生徒に英語ディベートの話をし、不審がる彼女たちを説得したのは5月、放送部の生徒を誘ったのが夏休み前ぐらいでした。練習は週1回程度で、論題のための立論、反論づくりが準備の中心でした。

この年の共通論題は、

All elementary and secondary schools in Japan should have classes on Saturdays.

（日本の小中高校は週6日制にすべきである。是か非か）

というものでした。

基本的には生徒たちが資料を集め、英文で意見を組み立てます。まだ指導できる上級生もおらず、生徒も1年生で、不慣れなことばかりですから、私が準備にかかわる部分が自然と多くなります。じつは、この私のかかわりが試合の結果に大きな影響を与えることになります。

やはり惨敗

アカデミック・ディベートでは、事前に準備したものを試合会場に持ち込むことが可能です。もちろん効果的な図や表などがあれば、それも用意します。

市立浦和のデビュー戦は、2007年に開催された第2回埼玉県予選会でした。大会もまだ始まったばかりで、参加校も10校程度、生徒も指導者もまだ暗中模索の段階で、ディベートのレベルもまだまだ未熟でした。

役員として第1回予選会に携わっていた私は、まだこのレベルであれば、うちの生徒を勝たせることができるかもしれないと考え、生徒たちを誘ったわけです。

そして、いよいよデビュー戦です。しかし、現実はそんなに甘くはありません。結果は1勝3敗と惨敗。下から数えたほうが早い、残念な成績でした。ところが、生徒たちには悔しいという感じもなく、浮かぬ顔をしているだけです。先生のいう通りにやっても勝てないじゃん、といわんばかりの生徒の視線を感じました。

あとで経験のあるジャッジの方に敗因を聞いてみたところ、独特な視点を資料で強引に押し通している印象だったといいます。私には大学時代のディベートのイメージしかなく、そののりで原稿を作り指導をしてしまっていたのです。高校生ディベートの議論はもっとオーソドックスなものが好まれる、という意見でした。

県予選で敗退すれば普通は、ここでこの年の挑戦は終わるのですが、「全国大会の参加校枠に余裕があり、名古屋まで自費で来てくれるならオープン枠で参加できます」と連絡が来たのです。せっかくのチャンスなので、それほど乗り気でなかった生徒を再び説得し、12月に名古屋で開催された第2回全国高校生英語ディベート大会に出場することに決めました。

そして、ここで思いがけぬことが起きるのです。

まさかの結果が……

狐につままれたような気持ちでした。全国大会にお情けで入れてもらって、手ひどい負けを喫するのを覚悟していました。全国大会の参加校は 64 校です。

ところが、ふたを開けてみたら、予選は 4 戦全勝、トップ 8 にすべり込んだのです。一番驚いたのは生徒たちです。ひとつ勝つごとに、相手チームに「すみません（こんな私たちが勝ってしまって）」と謝っている状態でした。

全国大会に合わせて内容を変更したものの、前のエッジの利いた議論のおもかげは残っていました。皮肉なことに今度はそれが評価されたのです。

県大会では初めてディベートをジャッジする高校の教師が多かったのですが、全国大会は大学関係者や、学生時代にディベート経験がある社会人、現にディベートをしている大学生などがジャッジすることが多く、ユニークな議論展開をしたとしても、筋が通っているほうに軍配を上げる傾向があったのです。

県大会で敗戦が続いたときには、「浜野先生のやり方では勝てない」といっていた生徒たちも、今度ばかりは多少は評価を変えてくれたようでした。

といっても快進撃はさすがにそこまでで、上位 8 校での決勝トーナメント第 1 戦で伊奈学園（埼玉）に敗退し、5 位に終わりました。英語の発音も未熟でしたし、相手のいっていることもきちんと理解していない様子でした（練習をしていないのですから、当然です)。課題を山ほど残して、初めてのチャレンジの年は終わりました。

英語教育には限界がある――このときの感想をいえば、そうなります。わが校の生徒たちは、日本の英語教育だけで育った子どもたちです。帰国生や留学経験のある生徒がいるチームにはアドバンテージがあります。上位に入るには、何か特別なことをしなくてはならない。そう思いましたが、その時点では独自のトレーニング法など思いつくはずもありません。

「論題」まだですか?

大会が終わって3月までは、インターアクト部としてはそれほどやることがありません。部活動として定期的にディベートをやる、と決まったわけではなかったからです。

ただ、前年参加した3名の生徒たちは全国大会での勝利が余韻として残っているらしく、「今年の論題、まだですか」などと聞いてくるようになりました。

4月に3人の生徒たちは2年生となり、放送部の助っ人も兼部ということになり、3名が部員として確定。そこに、「全国5位!」という活躍を聞きつけて、他の部活をやめた2年生の2名が新たに加わり、部員は5名となりました。

そして、喜ばしいことに新入部員が2名入部しました。ひとりは竹本という生徒で、英語ディベートを目的に入部してきた、英語が大好きな生徒でした。もうひとりは、「英語は好きですが、ディベートはやりません」と明言する、おとなしいけれど芯がしっかりした佐藤という生徒でした。

これで、2年生5名と1年生の竹本で、1チーム3人ずつで2チームを出場させることができるようになりました。ここに佐藤が加わってくれれば、4人チームがひとつできます。このアカデミック・ディベートでは4人で1チームが本来の基準なのです。

その年の論題は、次のようなものでした。

Japan should lower the age of adulthood to 18.
（成人年齢を18歳に下げるべきである。是か非か）

ピンチヒッターから部員へ

1学期の間、6名がディベートの準備や練習をしている一方、佐藤は別室でひとり自習をしていました。一緒にやらないかと、たびたび声をかけましたが、いつも断られていました。

いよいよ夏休みに入り、7月後半から練習会に参加するようになりました。これは近隣の高校が集まり、練習試合をするもので、会場は参加校で持ち回りです。市立浦和チームは人数こそ6名となりましたが、経験者は3名足らずで、練習試合での勝ったり負けたりが続きました。

私は少しずつ佐藤とコミュニケーションをとり、遠回しにディベートの魅力を伝え、英語ディベートに参加すると、部活動がおもしろくなるばかりか佐藤自身にもメリットがあると説きました。「もうひとりいると、4人チームになるんだけどな……」「英語が話せるようになるよ……」佐藤も頑固なもので、なしのつぶてが続きました。

それでも私には少しばかり確信がありました。少なからず英語が好きでインターアクト部に入部してきた生徒です。英語ディベートに興味がないはずがありません。おそらくは、早々とディベートをやらないとみんなに宣言してしまった手前、今さらやりますとはいえない心境になってしまったのでしょう。

7月のある練習試合の前日、ひとりが家の都合で、急に練習試合に参加できなくなりました。これは絶好のチャンスだと思い、「明日の練習試合に代役としてBチームに参加してもらえないだろうか？　原稿は用意してあるから……」と佐藤を誘いました。

彼女が参加してくれないと、Bチームが一生懸命準備してきたものが、ムダになってしまうのです。佐藤もむげに断ることもできず、「今回に限って」という条件つきで承諾してくれました。

これがきっかけで佐藤もチームのメンバーと仲良くなり、自然とディベートチームの一員となっていきました。

人が一度決めたことを覆すのは、どんな場面でも難しいものです。無理に引っ張り込むのではなく、本人の気持ちを察し、意欲をもって自然に取り組めるように環境作りをするのが、顧問やコーチの重要な役割なんですね。

悔し泣きする生徒たち

いよいよ2学期。新たに栃木県、東京都、千葉県などで予選会が開かれ、前年のようなオープン枠は限定的となるか、なくなるのではないかといわれていました。

前年と比較しても部員の意欲は高まっていました。全国大会へ出場するには、県の予選会を上位で勝ち抜かなければなりません。「県予選会優勝！」を合い言葉に、できるかぎりの準備をしました。

帰国生のいる強豪チームとの対戦に備えて、私は原稿を周到に用意しました。彼らの即興の変化技に対処するには、それしか方法がなかったからです。

私が「話す練習をするよ」といっても、「めんどうくさい」「準備の時間がほしい」とつれない返事でした。

県予選会が10月に開催されました。リベンジを果たすためにわがチームもよく健闘しましたが、優勝には届かず3位でした。強豪校で外国語科もある伊奈学園が圧倒的な力の差で優勝しました。われわれはかろうじて全国大会に出場できるポジションを得たことになります。

選手のなかには悔し泣きをする生徒もいました。私は、英語ディベートにそんなにも一生懸命に取り組んでくれるのかと、生徒たちのことを誇らしく感じました。

人はどういうときに持てる力を発揮するのか。私は2つあると思っています。**強制された場合**と、**自分から競争心（興味や好奇心が引き起こすもの）を持った場合**です。本当に自分の力となり、生涯の肥やしとなるのは競争心のほうではないでしょうか。英語ディベートには、心のなかから生徒たちを衝(つ)き動かす要素があったのです。

2回目の全国大会5位、そして新たな決意

2008年の12月、第3回全国高校生英語ディベート大会が、

岐阜県で開催されました。そもそもこの全国大会の立ち上げに貢献したのは同県の高山西高校です。文科省のセルハイ（Super English Language High school）事業の指定校で、その目的のひとつに全国大会開催があります。現在の全国高校英語ディベート連盟（HEnDA）の原型が作られ、そこを基盤に英語ディベートへの取り組みが始まりました。

全国大会は、厳しい県予選を勝ち抜いた64校が集い、各校1チームしか登録できません。市立浦和高校は前年の経験者3名と新入部員の2年生2名の計5名で参加しました。

県予選で伊奈学園に敗れ、悔しい思いをしたせいか、生徒の努力はすさまじく、予選はなんと伊奈学園を超えて3位という成績でした。そして、上位8校による決勝トーナメントに進み、1戦目で神奈川県代表の栄光学園と対戦。英語が堪能な帰国生がメンバーにおり、秀才の集まりの大変優秀なチームです。少しでもいい結果を残したいと奮闘しましたが、栄光学園に敗北。前年と同じ5位。これで、この年の戦いは終わりました。

2008年は3学期以降のディベート大会がなく、2年生の3人はこの時点で引退。5人とも涙を流して悔しがっていました。顧問としても非常につらい気持ちでした。

私は全員をホテルの部屋に集めて、引退する2年生から後輩に向けて話をしてもらいました。彼らは、準備作業がつらかったこと、県予選が悔しくも3位で終わったこと、努力は結果を裏切らないと確信したこと、本音はやはり全国大会で優勝したかったことなど、涙ながらに話しました。その様子を見た1年生の竹本と佐藤が、「来年は、先輩たちの仇を打ちます」と力強く宣言してくれたのには正直驚きました。

部長は竹本に移り、インターアクト部のDNAが少しずつ引き継がれるようになってきたと感じました。

ディベートにはスポーツの勝ち負けのような感覚があります。勝てばうれしいし、負ければ悔しい。だから、勝ちたい一心で生徒たちは一生懸命取り組むのです。

英語教育の一環として英語ディベートに取り組んでいる学校は多いと思いますが、**私には生徒に勉強をさせている意識もなければ、生徒たちも勉強をしているという感覚はありません。**ただ、「いい試合をしたい！」「試合に勝ちたい！」という思いがあるだけなのです。そして、英語ディベートに取り組むなかで、ルールの大切さ、チームメイトやジャッジとのコミュニケーションの重要性、困難を乗り越える精神力、自分をサポートしてくれるすべての人々への感謝など、英語のスキルを得る以上に**社会人として重要な要素を学んでいる**のです。

「この活動は本当に素晴らしい！」

私は教員として英語ディベートに本格的に取り組もうと、いよいよ決意を固めました。

3度目の全国大会で22位

岐阜の全国大会が終わり、インターアクト部は再び長い休みの期間に入りました。ロータリークラブ絡みの国際交流イベントに出たり、スピーチコンテストがあれば、希望者が参加するぐらいで、1月〜3月はまたたく間に過ぎていきました。

4月となり、部員は2年生になった竹本と佐藤の2人だけ。新入部員の勧誘が緊急の課題となってきました。

しかし、竹本の熱心な誘いと佐藤の丁寧な応対の結果、1年生が3名入部してきました。安藤はしっかり者で、ディズニーとハリーポッターが大好きな生徒。小川は勉強も運動も得意なオールマイティーな生徒。上田は優しく明るい性格のムードメーカー的な生徒。それぞれ特徴を持った1年生でした。同じころ、今井という2年生が、音楽部から転部してきました。

この年の論題が発表されました。

The Japanese government should prohibit worker dispatching.

（日本政府は派遣労働を禁じるべきである。是か非か）

この年の第4回全国大会は埼玉県で開催されるということもあり、県の多くの学校が全国大会への切符を狙っていました。

竹本はリーダーシップのある部長で、グイグイと部活動を引っ張ってくれました。論題のためのリサーチ、原稿作り、図表の制作と、試合の準備を進めていきました。毎年論題が変わることから、いつも一からのやり直しです。竹本は英検準1級を取得し、私の代わりに1年生の指導ができるほどになりました。

この2009年当時も、英語の本格的なトレーニングは、まだほとんどしていませんでした。「各自洋曲を聴いて、英会話でもしておいてね」という程度。

大会の準備といえば、相変わらず帰国生のいるチームを想定した対策に全力を傾けました。洩れなく準備をする——アカデミック・ディベートではそれこそが勝利への道だからです。

11月に開催された県予選会では、外国語科で有名な春日部女子高校が優勝し、浦和第一女子高校が準優勝でした。市立浦和は前年と同じ3位。またしても優勝を逃し、ギリギリの全国大会出場となりました。

私は全国大会の役員として開催の準備に追われましたが、2年生とともに何とか全国優勝をなし遂げようと、日々努力を重ねました。

私は「英語ディベートの教育的な効果」に使命感を感じていましたので、より多くの生徒に英語ディベートに触れてほしく、全国大会の埼玉県開催には協力を惜しみませんでした。

会場は東京国際大学（川越市）でした。全国の強豪校と予選を戦い、戦績は2勝2敗、順位は22位でした。3回目の全国大会出場で、ついに決勝トーナメントに進むことができなかったのです。

力強い「来年こそは」の誓い

大会後、試合会場の外で集合し、引退を迎える竹本、佐藤、今井にあいさつしてもらいました。彼女たちは先輩への約束が果たせなかった悔しさと、決勝トーナメントにさえ上がることができなかった無念さで大泣きをしました。1年生の安藤、小川、上田ももらい泣きです。私も涙を抑えることができませんでした。

竹本たちが、あとは頼みます、と申し送りをしたとき、1年の安藤が力強くいいました。「来年こそは、全国優勝します！先輩たちのリベンジを果たします！」この瞬間のことは今も鮮烈に覚えています。

私も密かに決意を固めました。「来年こそは必ず優勝しよう。この生徒たちの無念を晴らそう。安藤のいった言葉を必ず実現させよう」と。目の前にいる生徒たちときちんと向き合い、時間をかけ、議論を洗練させ、ほかのチームがやらないようなところまで、仕上げの精度を上げよう、と決意しました。

自信があったわけではありません。優勝するチームを育てるだけの力量が自分にあるのかどうかも分かりませんでした。

また、どう指導をすれば、生徒の頑張りに見合う結果を残せるのか。具体的な指導方針もありませんでした。とにかく道なき道を、全国優勝という大きな山に向かって進むほかない、といった心境でした。

いままで優勝してきたチームは、加藤学園暁秀（第1回大会）、春日部女子高校（第2回大会）、栄光学園（第3回大会）、伊那北高校（第4回大会）です。英語を母国語のように操る帰国生や留学生がいるチームでした。

毎年、英語ディベート大会のレベルも上がってきていました。全国大会の22位という成績に、「私の指導ではもはや限界なのではないか」「そうであれば生徒に本当に申し訳ない」と思わずにいられませんでした。帰国生や留学生がひとりもいない市立浦和で、どうすれば優勝できるのか、そもそも帰国生抜きで優勝などできるのか……。

市立浦和には**一般の生徒を基本から底上げしていくトレーニング法を編み出す必要があった**のです。

下手な英語を改善

2010年の2月からウィンターカップ（Winter cup）という小さな大会が始まりましたが、基本的には3月の論題発表を待ちながら、とくに何かをやるということもなく、再び冬眠の季節に入りました。

部には安藤、小川、上田の３名が残り、彼女たちは４月の部員募集に意欲を見せていました。

その年の４月、わが校の中高一貫で入学した中学１期生（内進生といいます）が高校に上がってきました。何とか部員を増やそうと安藤を中心に努力し、内進生３名と、高入生（高校から入学する生徒）２名を新たに迎え入れることができました。

安藤部長がとても積極的なタイプで、６月頃から盛んに練習試合に挑み、勝った試合、負けた試合のいいところ、悪いところをきちんと検証していました。負けた試合のあとなど、「これじゃ県大会を通らない」とほかの部員に発破をかけていました。

ある練習試合で、こちらが明らかに勝っているのに、ジャッジが負けの判定を下したことがありました。安藤は審判に詰め寄り、負けにされた理由を尋ねました。すると、そのジャッジに、

「デリバリー（身振り手振り）が弱く、アイコンタクトもない。発音も悪い」

といわれたというのです。審判の挙げた項目は、スピーチコンテストと違って、アカデミック・ディベートでは、本来は勝敗を決める評価項目ではありません。安藤は私に「どうにかしてください」と食い下がってきました。アカデミック・ディベートでは議論の論理性、着眼点などを評価し勝敗を決めます。発音の良し悪しなどは、コミュニケーションを妨げないレベルであれば、加点も減点もありません。

しかし、ジャッジの審判を覆すことは基本的にできません。ディベーターにすべての責任があるからです。ジャッジが努力して聞く必要はないのです。ジャッジが理解しやすい発音やスピード、シンプルな論理展開や説明、説得力のある証拠資料の提出などをする必要があります。

一定のジャッジ・ルールがあるにしても、さまざまな価値観を持ったジャッジがいます。ディベーターはジャッジを選べないわけで、本当に勝ちたいのであれば、どんなジャッジをも納得させる、圧倒的な力を示すしかありません。

安藤たちは、この経験以来、発音やアイ・コンタクトといったスピーチスタイルにも注意を払うようになりました。

もともと市立浦和は論理は強いが、英語が弱い、と評価されていたので、ようやく生徒自身がそれを自覚し、自ら改善しないと優勝などおぼつかないと本気で考えるようになったのです。

この年の大会の論題を挙げておきましょう。

Japan should significantly relax its immigration policies.
（日本は移民政策を大幅に緩和すべきである。是か非か）

終電まで粘る生徒たち

たいていの部活は夕方6時半には終わります。しかし、ディベートは準備し始めるときりがありません。ついつい帰宅が遅くなりがちです。

練習試合で気になるところが見つかると、修正をしなくてなりません。大会1週間前にもなればやりたいことが次々と浮かんできます。「こういう反論がきたら、どうしよう」「このテーマは証拠資料をきちんとそろえておかないと危ない」など、気がかりなことはいくらでもあります。私にも質問や相談が頻繁に持ち込まれます。

大会直前となると、6時半をとっくに過ぎて、場合によっては「9時で終わり」といっても帰りたがらない生徒がいます。部長の安藤は入間（いるま）から通っていたので、片道2時間もかけて通学していました。遅くなる日は親に最寄りの駅まで迎えに来てもらっていました。

それなら、「いっそのこと合宿にしてしまおう」と大会直前、校内にある合宿所で2泊3日の合宿をするようになりました。

本人たちは気づいていなかったでしょうが、日々の真剣な積み重ねのなかで、確かな力がついていました。準備と練習を重ねながら、毎日大量の英文を読み、書き、聞き、話していたわけです。**必要に迫られて使う英語ほど、学習効果の高いものはありません。**

念願の県大会優勝

部員たちの熱心な努力もあって、県大会の予選で初めての全勝！　そして迎えた決勝戦は埼玉県の超進学校である県立浦和高校との「浦高対決」でした。

結果は、市立浦和の勝利！　県大会で初めて優勝を飾ることができ、今度は全員で喜びの大泣きです。ついに県の優勝校として、全国大会に向かうことになったのです。

2010年の12月、岐阜県で第5回全国高校生英語ディベート大会が開催されました。市立浦和は予選5試合を戦いました。

メンバーは2年生安藤、小川、上田の3名、1年生は内進生の寺山と藤野を抜擢しました。

予選の成績は以下の通りです。

第1試合　富山中部高校（富山県）　勝利
第2試合　佐倉高校（千葉県）　勝利
第3試合　浦和第一女子高校（埼玉県）　勝利
第4試合　桑名西高校（三重県）　勝利
第5試合　宇都宮高校（栃木県）　勝利

対戦相手はその県を代表するスーパー進学校ばかりです。

この大会はパワーペアリングという対戦システムをとっていて、勝利数が同数のチーム同士が次々と対戦していきます。つまり、第5試合の宇都宮高校とは、予選4勝同士の対戦だったことになります。

ご覧の通り、予選は全勝、参加校64校中2位で、上位4校による決勝トーナメントに進出しました。

準決勝は相手が金沢泉丘（石川県）でした。相手チームの議論が想定内だったこともあって決勝戦に駒を進めることができました。とうとうライバル校の高山西高校との頂上決戦となりました。

最強豪校との決勝戦

先に述べたように、高山西高校はこの全国大会を立ち上げた高校です。メンバーも英語が堪能で、顧問の先生も指導に熱心です。頻繁に岐阜県から埼玉県の練習会に生徒を連れてきていました。

先に述べたように、論題は**「日本は移民政策を大幅に緩和すべきか Japan should significantly relax its immigration policies.」**というものでした。高山西は肯定側で、「介護分野では人材不足が深刻化しており、移民を受け入れることが必要」という主張を掲げていました。

市立浦和は否定側で、「日本の現在の雇用政策は、女性や高齢者の雇用促進を進めており、移民は日本人の雇用を奪ってしまう」という主張をしました。

決勝戦だけに、お互いがかみ合った素晴らしい議論展開でした。しかしながら、市立浦和の反論が効果的でした。

▶介護業界では試験に合格しなければ働けず、移民が試験に受かる確率は志願者の数パーセント。まったく人手不足の問題は解決できない。

▶現状では雇用需要を満たしており、ここ数十年は大丈夫(この論拠は今となれば、かなり怪しくなっています)。万が一、人手が必要となってもAIやロボットを活用すれば不足分は補える。

この主張が決定打となり、念願の全国大会初優勝をなし遂げることができました。おまけに小川は大会ベストディベーターに選ばれました。

念願の優勝旗、トロフィー、メダルを、初めて母校へ持って帰ることができたのでした。

じつは優勝して当たり前？

帰りの東京へ向かう新幹線では大盛り上がりでした。部長の安藤と2年生の小川と上田は、前年悔しい思いをした先輩の竹本たちに早く優勝旗を見せたくて仕方がありません。1年生の寺山と藤野もはじけるように喜んでいました。

しかし、私を驚かせたのは、安藤がつぶやいた、**「先生、私たち優勝して当たり前ですよ」**の言葉でした。

決勝戦後に、対戦したチームの生徒がお祝いに声をかけてくれたそうです。自分たちがどんな練習や準備をしてきたかを話したら、驚かれてしまったというのです。わが校の練習と準備の量がどれだけ多かったのかという客観的な証明でもありました。

競り合いに勝つ**黄金の法則**があります。ほかの人と同じようなことをやっていては、抜きん出ることはできません。まぐれ当たりは、実力ではありません。ある分野を極めたいと思ったら、人がやる以上の圧倒的な努力をする必要があります。

彼女たちの場合、準備の時間、練習試合の回数、想定して用意した議論の数、証拠資料の数など、結果的に他チームと比較して大きな差があったということなのです。

帰郷した翌日、3年生の竹本、佐藤、今井に集合をかけ、安藤から優勝報告をしました。前年度の22位という屈辱的な敗退から、思わず安藤が「来年は全国優勝します」といってしまったわけですが、瓢箪からコマというか、実際に優勝することができた。**目標を明確に共有することの重要性**を、子どもらを通して私は知りました。

到底無理と思える目標でも、生徒たちは不思議な力で達成してしまう。感無量でした。

一時は辞退の気持ちも

大盛り上がりの帰りの新幹線の車中でしたが、一方で私には大きな心配事が生まれていました。全国大会の優勝チームは自動的に世界大会への出場権を得ます。歴代の優勝校は世界大会で全敗、あるいは勝っても1、2勝がやっとでした。国内とは段違いのレベルの大会だと聞いていました。そのことが頭を離れなかったのです。

アカデミック・ディベートとは違い、予選8試合のうち半分は即興型のディベートで、2010年の時点で、日本の高校関係者ではほとんど誰も経験したことのないスタイルでした。

即興型は、論題が試合の1時間前に発表となり、外部の情報を遮断され、メンバーのみで議論を作り上げなければなりません。

しかも試合会場に持ち込めるのは辞書などの書籍が1冊と決められています。いままで調べてきた記録ノートやパソコンも持ち込みができません。コーチや教員のサポートもなく、自分たちの頭にあるものだけで戦わねばならないのです。

1チームの登録メンバーは5名ですが、試合に出るのは3名。メンバーであれば準備時間に手伝うことはできますが、試合が始まると出場者とメモの交換や接触はできません。

その上、そうやすやすと答えられそうもない難しい論題が出題されます。

未経験の難関にどう立ち向かえばいいのか、私には知識も戦略も皆無でした。

生徒たちは全国大会優勝でやっと緊張から解放されたばかり。とても、さらに厳しい試練が待ち構えているぞ、などとはいえませんでした。

最初、生徒たちは世界大会を一種のごほうび程度にしか考えておらず、私もしばらくは全国大会優勝の余韻に浸るのもいいだろうと考えていました。

精神的なプレッシャーや時間的な拘束からいったん解放されると、新たにネジを巻き直すのは大変です。しかも、現状では参加しても勝つ見込みがほとんどない試合です。生徒たちがどれだけつらい思いをするか、容易に想像がつきました。

世界大会に参加しない、という選択肢もありました。棄権をすれば、準優勝校の高山西が代わりに世界大会に参加することになります。しかし、それまで優勝校が辞退した例はありませんでした。

さいたま市長の表敬訪問や新聞の取材を受けているうちに、世界大会のことが話題に出ます。それで、少しずつ3年生の間にも世界大会参加が現実味を帯びてきました。取材者は世界大会参加を前提にインタビューし、それに対して、「分かりません」「行きません」などとはいえなかったのです。

準備をしようとしたところへ……

世界大会の準備を始めようと考えていたまさにその時に、

3.11、あの東日本大震災がやってきました。じつは、3月の後半から、連盟の紹介を受けて、ある慶應大学講師から、世界大会のことを教わろうと計画していた矢先のことでした。

震災後は社会的な混乱が続き、2ヵ月ほどがあっという間に過ぎてしまいました。世界大会まで3ヵ月を切っていました。生徒たちも、もう引き下がれない、という気持ちになったようで、週末に来校する慶應大のコーチから、即興型ディベートのルールやポイントを教わり、世界大会形式の練習も始めました。

4月には安藤、小川、上田は3年生となり、その後輩たち5名も2年生となりました。全国優勝効果でしょうか、この年には1年生が10名も入部しました。これで、部員が全員で18名という大所帯に。

6月に準備型の論題が4つ発表されると、それにかかりっきりになりました。準備型であれば、準備次第でひとつくらいは勝てる可能性があると考えたからです。

（2）

全敗、だけど得るものが多かった世界大会

ワラにもすがる思い

過去の世界大会に参加した優勝校には、必ずひとりは帰国生や留学生がいて、相手のいっていることを聞き取り、発言のポイントをメモにしてチームのメンバーに渡したり、八面六臂（はちめんろっぴ）の活躍をしたそうです。しかし、帰国生のいないわが校の場合は、それができません。

残り２ヵ月、時間が迫ってくるほどに、事態の深刻さが生徒たちにも分かってきたようです。彼女たちが立ち向かうのは、日本の「英語ディベート大会」ではなく、世界の「ディベート大会」なのです。英語が使えるのは当たり前で、ネイティブあるいはネイティブレベルの相手と論戦しなければならないのです。

ワラにもすがる思いで、いま現在、日々実践している基礎練習の初歩のようなことを始めたのはこの頃です。

発音を矯正したり、的確な質問をくり出したり（世界大会で

は相手の発言の途中に質問ができます)、チームの弱点と思われるところをピンポイントで鍛える方法論はないものか。英語教員歴20年以上の私でも、**世界大会で戦うレベルの高校生を育てる指導法など、お目にかかったことがありません**でした。

ネイティブと互角に議論をする英語力が必要なわけです。学校教育現場で実践されている、教科書を使って楽しく学びましょう、といったレベルでは対応ができない世界にわれわれは突入していました。

急がば回れ

効果的な実践をしている大学生がいる、という噂を小耳にはさみ、実際に大学まで見学に行ったことがあります。ひとりひとりが交替で前に出てスピーチする、というもので、私の期待していたものとは少し違っていました。

ただ、はっと思いつくことがありました。言葉にすればごく単純なのですが、「ああ、練習すればいいのか」と思ったのです。これがいわゆる"コペルニクスス的転回"でした。

私はどうしても、**英語は教えて理解させる**、という発想になりがちで、そのあとの定着活動は、**個人の努力次第**、と考えていました。

これで生徒たちが話せるようになったら、魔法の世界です。**英語力も実技と同じ――時間をかけて練習して獲得するスキルなのだと、この時気づいた**のです。

以前、私は軟式野球部の顧問をしていました。野球の練習ではキャッチボールで肩慣らしを始めます。2人の距離を少しずつ広げていき、負荷のかけ方を徐々に大きくしていきます。部員が何十人いても、ペアとなり、全員が同時進行で練習をします。30分間のキャッチボールでは、全員が30分間効率よく練習をし、全員が力を伸ばしていきます。多くの運動部や体育などの実技活動では、このような練習方法をむしろ普通に実践しているのです。

自分の授業を振り返ってみると、講義形式にこだわったり、ひとりに発表させて残りみんなで聞くというようなスタイルが多く、全員参加型とはかけ離れたものでした。限られた時間を全員で有効に使うことをしていない、いってみれば時間的にロスの大きい授業をしていたことになります。生徒たちの英語の力を伸ばすには、いままでのやり方とはまったく違うことをしなくてはいけない、と痛感しました。

とにかく、生徒自身がある程度の練習量をこなさなければ、話になりません。**「急がば回れ」**です。**「練習しなければうまくなるはずがない」のです。その当たり前のことを、英語コミュニケーションにも単純に当てはめればよかった**のです。効率よく全員が参加する運動部の練習スタイルは、私が求めていた答えそのものでした。

少し整理すると、私が**野球部などの運動部の練習から学んだ方法論は、次の2点**です。これらが以後のインターアクト部の基礎練習に活かされていきます。

- **効率的に全員でやり、練習時間を稼ぐ**
- **段階的に負荷をかける**

文法知識や語彙をある程度獲得していれば、あとは実践練習です。会話など英語のコミュニケーション力を伸ばしたいということであれば、圧倒的に練習量を積んでいくことです。

話すうえで文法のミスが多かったり、表現が稚拙だったりするのは、脳にそれらの表現の修正をする余裕がまだないからなのです。

英語を話す練習を重ねていくと、少しずつ文法のミスを意識する余裕と同時に、獲得した多くの英語表現を引き出す余裕も生まれてくるのです。

このあたりのことは、3章で詳しく触れます。

あえなく8戦全敗

2011年の世界大会WSDC（World Schools Debating Championships）は世界48ヵ国が出場し、スコットランドのダンディで開かれました。ダンディという町は人口15万人弱で、同国の東部中央に位置する、歴史のある古都です。

市立浦和が対戦した国はフィリピン、アルゼンチン、タイ、オランダ、ナイジェリア、パキスタン、ニュージーランド、セルビアの8ヵ国です。

わが校は、安藤、小川、上田の3年生と、全国大会で実力を評価された2年生の寺山を加えて4名でチームを組みました。準備型の課題のときに寺山を投入し、3年生の負担を軽くしました。

なかなか勝てない日々が続きました。日が経つにつれ、生徒たちの顔色がどんよりと曇っていくのが分かりました。負けが込めば当然です。相手のいっていることも予想していた以上に分からないし、こちらのいっていることも通じていない、という状態です。相手はくすくす笑ったり、こちらが何度も聞き返すので、もういいといったジェスチャーを露骨にしたりしてきました。

世界大会は教育の機会ではなく、**世界中から真剣に勝負をしに来ている高校生の戦いの場**です。「日本人なのに、よくがんばったね」というねぎらいの言葉などもちろんありません。「英語も話せないのに何しに来たの？」という雰囲気です。

全力を尽くして戦いましたが、結果は予選８試合全敗に終わりました。世界の高校生相手に、全く歯が立ちませんでした。

当時の日本の英語ディベートの状況を考えれば、生徒たちは可能な限り、最高のパフォーマンスを示すことができたと思います。しかし、生徒たちがどれだけ悔しい思いをしたかと思うと、私はいたたまれない思いでした。

１票が貴重

世界大会は３人制のジャッジです。全敗といいましたが、１試合だけ１対２と惜しい試合もありました。たったひとりだけですが、日本チームが試合に勝ったと評価した審判員がいたのです。

世界レベルのジャッジのなかに、たとえひとりでも、私たちの戦い方を支持してくれた人がいた。この１票は、われわれがまったくの底なし状態にいるわけではない、と思わせてくれた１票でした。

入部のときから世界大会を意識したトレーニングを積めば、決して勝てないわけではない、と思わせてくれた1票でもあります。

この世界大会に参加し、もっと鍛えておかなければならないと思った課題点を、以下のように整理しました。

①即興力（思ったことを英語で素早く表現する力）
②聞く力（リスニング）
③発音
④世界で起こっていることについての知識
⑤精神力（人間的な強さ）
⑥パフォーマンス

世界各国の英語能力比較調査で日本のポジションの低下がいわれて久しいですが、TOEFLといった英語力の比較でも調査国の下位に位置したまま浮上する気配がありません。

それは、英語力とそれに付随する6つの問題点の結果ではないかと思います。つまりインターアクト部の悩みは、日本人の英語力の悩みでもあるように思うのです。

以下に、大会の論題を通して、この①〜⑥の課題を説明していこうと思います。

WSDC方式とは？

スコットランドで開かれたWSDC（World Schools Debating Championships）は、さまざまな国際ディベート大会のなかでもオリンピックレベルの最も高度な大会です。

先に述べたように、論題は準備型と即興型に分かれます。即興論題は「Impromptu Motion」、準備型を「Prepared Motion」といいます。それぞれ頭文字を取って、論題の頭に表記するようにします。

この世界大会はWSDC方式というディベートのルールで行い、1チーム3人、双方ひとり目から3人目まで共通に8分間スピーチします。4人目は1番の人か、もしくは2番の人が担い、双方5分話します（わが校は4番手を1番目の人間が担いました）。このWSDC方式のディベートでは、各スピーカーのあとに質問時間がなく、代わりに相手のスピーチ中に質問をすることができます。

8分を英語スピーチする力

まずは、課題①の**「即興力」**です。

WSDC方式の大会では、即興型は準備時間は1時間しかないので、8分で話す内容のメモを用意するぐらいしか準備はできません（のちにこれが部活動の基礎練習に生かされます）。

当時、日本の高校生には未知の世界でした。英語のスピーチコンテストのような暗唱スピーチと違って、メモだけで8分間も即興スピーチをするなど、私も知らない世界でした。

論題も**テロ、人権、政治、環境、宗教、技術、経済問題**など多岐にわたり、日本の学校教育で、このような課題に取り組むトレーニングをしている教科や科目があるでしょうか。

WSDCに参加するためには、積み上げられた知識や経験を

8分間のスピーチに凝縮し、**考えながら話す、といった即興の英語スピーチ力**が求められるのです。

シェイクスピアを会話に使えるか

第6試合で対戦したパキスタンは堂々としていて、日本人の高校生と比べると、だいぶ年上のようにも見えました。話すスピードが速く、パフォーマンスも上手でした。正面を見ながら自信満々に話し、適切に間(ま)を取っていました。

なまり（アクセント）から判断すると、海外で長く生活をしているような生徒たちではないと思います。

それでも英語は流暢で、婉曲表現やことわざ的な表現を巧みに使っていました。ジャッジはネイティブやそれに近い人たちなので、彼らにとって違和感のない表現なのでしょうが、聞き取りにさえ困難を感じていたわが校のメンバーは戸惑いを隠せませんでした。

「**百聞は一見に如かず　A picture is worth a thousand words**」とか「**悪銭身につかず　Soon got,soon spent**」――そういうレベルの英語表現をパキスタンの生徒たちは駆使していたのです。

英語で直訳的な言い回しはできるようになっても、こういうことわざ的な表現が即興的にすっと出るかというと、なかなか難しいのです。

たとえば、シェイクスピアの有名な台詞を当意即妙に会話に使えるかどうか。アレンジして使うことも含めて、実践の道具として捉え直すことができるかどうか。

ディベートでは内容的に互角な場合、表現の良し悪しが勝敗にかかわってきます。

世界大会に参加する高校生たちは、海外経験のある帰国生どころか、なかには完全に海外に住んでいて、大会のときにだけ呼び戻される、という生徒もいるようです。韓国チームなども、ほとんどネイティブに近い高校生を出場させることが多く、実際、ふだんはアメリカに住んでいる生徒を組み入れていました。

この世界大会は、その国の「国民」であれば出る資格があるので、こういうことも可能なのです。彼らを相手にするには、相当の即興力が必要になります。

じつは聞く力が一番大切

②の課題は聞く力、**リスニング力**です。

世界大会では、多種多様ななまりを伴った英語に対応しなければなりません。

初戦のフィリピンはメンバー全員が流暢な英語を話し、生徒たちも概要は聞き取れていたようでした。

第2試合のアルゼンチンは、比較的きれいな英語でしたが、語尾などに独特なアクセントがあったものの、生徒たちは試合の中盤あたりには慣れていたようです。

第3戦のタイも強いチームで、とてもいい試合をしていたのが印象に残っています。

第4戦のオランダはトップグループに入るチームで、「選挙を強制することはそもそも民主主義に反する」とか「投票しない権利もある」など、白熱の議論が展開されました。

第5戦のナイジェリアは、小学校から大学まで授業はすべて英語で行っている国です。彼らは流暢に話すのですが、アクセントがきつく、対戦相手としては難敵に入ります。たぶんもともとの言語の影響が出ているのだろうと思います。

市立浦和の生徒たちは、いままで聞いたこともない発音とアクセントに接して、大変だったろうと思います。おそらくこういうことをいっているのだろうと推測を働かせていたのでしょうが、議論がかみ合っているのか、心許ないところがありました。

「日本人は英語を話せない」とよくいいますが、リスニング・ファーストという言葉があるように、実際はスピーキングよりリスニングのほうが重要なのです。いざとなれば自分の主張はジェスチャーなど、どんな手段でも伝えることができます。しかし、相手のいっていることが分からないとコミュニケーションは成立しません。

その意味で、このナイジェリアとの対戦は、とてもいい勉強になりました。もちろん、相手も日本人のなまりに戸惑いを覚えていたかもしれませんが。

クリアな音の英語ばかりではない

③の課題は**発音**です。

第8試合のセルビアもなかなかの「なまり」でしたが、自信をもって発言していたのが印象的でした。この姿勢は、日本人も倣(なら)いたいものです。

たとえば、日本人は、RとLの区別が苦手、thの発音もできない、aとかtheの使い方が分からない、抑揚も平板……と、世界に日本人の英語の癖が知られれば、そのつもりで聞いてくれるようになるはずです。

NHKをはじめとして日本で耳にする英語は、アメリカ英語を主とした圧倒的にクリアな英語ばかり。しかし時にはナイジェリアやインドあたりの英語を耳にしておくのも必要だと思いました。

英語のネイティブでもクリアな英語ばかりではありません。イギリスは労働者階級と上流階級では話し方が違うといいます。アメリカも中西部、南部などはなまりや話し方が違います。

また、日常生活の言葉では、音の省略が進み、一気に「ごにょごにょ」といってしまう傾向があります。たとえば、「まあそんなとこ」という意味で、Something like that.といったりしますが、「サライ」ぐらいにしか聞こえません。All of usも「オロバ」です。

こういう表現は聞いて覚えて、発音して、自分のものにするしかありません。基本的には自分が発音できる音は聞くことができます。**リスニングを強化する意味でも、音読をすることが上達の基本**です。

日本人らしい発音の英語を

世界で英語を話す人が17.5億人、そのうち13.6億人がノン・ネイティブです。世界ではじつはアクセント（なまり）英語のほうが普通なのです。

ヨーロッパ人からすると、アジアのなまりよりアフリカのなまりのほうが聞きやすいそうです。距離的に近いということもあって、ふだんから往来があるせいだといいます。なまりがあるといっても、聞き慣れているかどうか、ということが大きく関係してくるわけです。日本人からすると、インド人の英語も聞きづらいところがあります。インドは多言語の国で方言も入れると1,000以上の言語があるといわれ、国民同士がコミュニケーションをとれるようにする目的で、ヒンドゥー語のほかに英語も共通語として定め、国内の交流を図っているといいます。

日本人の英語も母語の影響を強く受けており、なまりは強いほうです。アフリカの英語のなまりのように、むしろその特徴をもっと押し出し、“日本人の英語”として認知されるようになれば、コミュニケーションも楽になるはずです。

日本人は自分たちの英語に劣等感を持ちすぎていて、堂々と**日本人なまりで話すことを避けている**のかもしれません。われわれはもっと世界で、自分の話し方で発信力を高めていく必要があるように思います。

論題に対応する知識

④の課題は、**世界で求められる知識**です。以下はスコットランド大会で出題された予選8試合の論題ですが、どういう感想を持たれるでしょうか。

各論題の頭にあるTHWはThis House Wouldの略で、THBTのBはbelieveです。場合によってはTHだけのこともあります。Houseとは「議会」のことです。

WSDC方式のディベートはパーラメンタリー・ディベート

というタイプのディベートの一種ですが、パーラメンタリー（Parliamentary）は「議会の」という意味で、国会で与野党が議論を戦わせることをイメージしています。

THW などはくり返し出てくる表現なので、こういう省略形で書くのが慣例となっています。私もこの世界大会に出るまで、これらの略語のことは知りませんでした。

2011 年に市立浦和の生徒たちがディベートをしたのは、以下のような 8 つの論題でした。

●第 1 試合（対フイリピン）P.M.

THW offer dictator immunity in return for leaving power.

「独裁者には権力の座から下りる代わりに、免責を与えるべきだ」

独裁者が報復を恐れて権力の座からたとえ下りたくても下りられない、という現状分析を踏まえ、報復的正義と修復的正義の是非が議論のポイントに。

●第 2 試合（対アルゼンチン）I.M.

THW make free music distribution on internet.

「インターネットの音楽配信を無料にするべきである」

レーベルとの契約で自由に創作活動ができないアーティストも多い。ファンを増やす意味で配信無料は魅力的だが、一方で著作権や経済活動のあり方はどうすべきか、が議論の中心。

●第 3 試合（対タイ）P.M.

THBT universal primary education is a misallocation of

resources for the developing world.

「世界の初等教育は、発展途上国にとって資源の過った分配である」

日々の生活を生き抜くのがやっとの貧困に苦しむ人がいる。まずは、教育よりも生き抜くための支援をすべきであるという主張と、根本的な貧困の解決法は教育することだという主張のぶつかり合いに。

●第４試合（対オランダ）I.M.

THW make national election mandatory.

「選挙は強制するべきである」

投票に行かない選択の自由もある。しかし、民主主義は一定の市民の意見をすくい上げることが重要。この論題は、投票を強制すると正しく市民の意見が反映されるかどうかがテーマ。

●第５試合（対ナイジェリア）P.M.

THW legalize the sale of human organs.

「臓器売買を合法化すべきである」

臓器提供という危険な行為に対して個人の自由を認めてよいのか、政府の介入が必要なのかが議論の中心。臓器売買により、より多くの臓器が必要な人に提供される、という意見の一方で、価格高騰で貧困層が臓器を獲得できなくなり不平等になる、という議論も。

●第６試合（対パキスタン）I.M.

THW stop sending humans into space.

「宇宙に人を送るのは止めるべきだ」

宇宙に人を送るには大きなリスクがあり、莫大なお金がかかります。それに見合う効果があるのかどうかが、議論の中心。

●第7試合（対ニュージーランド）P.M.

THBT women can achieve equality only under secular system of government.

「女性の等しい権利は宗教によらない政府の体制でのみ達成できる」

政教分離の論題。宗教による統治を中心に置く政府には女性差別が広範に存在し、女性の性差別の現状を打破するには宗教によらない政府しかないのかどうかが、議論の中心。

●第8試合（対セルビア）I.M.

THBT sport team should have responsibility for their fan's poor conducts.

「スポーツチームはファンの心ない行動に責任を持つべきである」

フーリガンの行動は誰が責任を持つべきなのか。チームとは何か。経営者もファンもチームの一員だと考えることができます。一方で、個人は自らの判断で意思し行動するわけで、チームには責任がないという意見も。

論題つぶし

パキスタンとの論題は「宇宙に人を送ることを止めるべきで

ある」でした。練習したことのない問題で、論点が何かもよく分からず、生徒たちがかなり手こずった印象があります。

これらの難解な論題に対応するために、その後の部活で「**論題つぶし**」を練習に取り入れることにしました。

スコットランドから帰国すると、まずは基本的な論題から、実際に練習ディベートを行い、そのあとに全員でこの論題はどう論じるべきであったかのフィードバックを行いました。

WSDC 以外の大会の過去論題や、これから出そうな論題などを、生徒同士で議論し、論点をホワイトボードに書き出して、整理し終えたものをパソコンに共有データとして残しておくようにしました。もちろん英文が基本です。

テーマごとに「メディア」「環境」「教育」など 7 分類し、議論が終わらなかったものは「未完成」の名で登録。生徒によっては自分用の「ディベートノート」を作り、これらのフィードバックを記録しています。このように論題をひとつひとつ丁寧につぶしていき、精度を上げていきました。そのおかげもあって、2016 年にタイで開催された世界大会に参加したときには、たいていの論題は対策済みでしたので、それほど慌てることはありませんでした。

即興型というと、何も対策がなさそうに思いますが、この「論題つぶし」はかなり有効です。

一番難しかった論題

第 7 戦の論題は「女性の等しい権利は、宗教によらない政府の体制でのみ達成できる」という準備型課題でした。これが予選8試合の論題のなかで一番難しいテーマでした。

まず、われわれには「宗教」と「女性」を絡めて出題する意図が分かりませんでした。そこが分からないと、この問題に的確な答えが出せないのです。

この論題の背景には政教分離などの世俗化の問題があります。宗教的な色彩の濃い国家の下で、女性の権利がどのような制約を受けているか知らないと、話になりません。

たとえば、イスラム教のある国では女性は家事労働以外の労働はできません。車の運転免許も取れません。そういう背景があるので、宗教によらない政府の下でしか女性の自由はない、という議論が出てくるわけです。

自由の国アメリカにも宗教による縛りがあります。離婚、堕胎をよしとしない宗派があって、とても大きな政治力を持っています（そういう主張の福音派が人口の4分の1を占めます）。

重要なことはまず、論題の意図を読み取り、オーソドックスなディベートをするということです。

この女性と宗教の論題には、出題者側に女子教育を廃止しようとしたアフガニスタンのタリバンが念頭にあったかもしれません。あるいは、2010年から2012年にかけて起こった「アラブの春」（中東・北アフリカでの民主化運動）なども関係していたかもしれません。**「なんとなく出題の意図が読める」というのは、とても大切**なことなのです。

それに、この種の問題は、われわれがグローバルに働くようになれば、とてもリアルに迫ってくる身近な問題です。

スピーチの「世界標準」

課題の⑤に「**精神力**」を挙げています。

他国のチームの高校生たちは、じつに堂々として、きちんと話します。どの国の高校生もその点は共通しているので、それが「世界の標準」なのでしょう。

ひと口に文化の違いといっていいのか分かりませんが、対戦するほどにその違いに「やるせなさを越えた悔しさ」のようなものを強く感じました。日本の控えめな文化のよさを十分承知しながらあえていうのですが、こと意見を主張し合う場面では決定的に「強さ」が欠けている、と感じました。これはビジネスの場面でも、「ものを論じる」「交渉する」といったときに不利に働くのではないでしょうか。

高校の授業はもちろん、大学の授業でも学生に「なにか質問は？」と聞いてもほとんど手が挙がらないといいます。日本人の先生方のセミナーでも、質問の時間にほとんど手が挙がりません。ところが、ALTという外国人の先生方の会議だと、それこそバンバン手が挙がります。

たとえ的外れでも意見をいうことを評価する――そういうふうにわれわれの環境を変えていかないと、世界と対等に互していくことは難しいのではないでしょうか。

パフォーマンス不足

課題の⑥も日本人の弱点のひとつです。

たとえば、スピーチ中に日本人は大げさに手を広げるようなパフォーマンスをやりません。よくいわれる「謙遜の文化」が抑制的に働いているのだと思います。

「恥の文化」「空気を読む文化」「出る杭は打たれる文化」など、どれも際立った個性を認めないものばかりです。

また、「かわいく見せる照れ笑いの文化」もあります。ディベートではそれは「かわいい」ではなく、「弱さをごまかそうと媚びを売っている」と取られてしまう可能性があります。

一方で、**海外は簡単にいえば「見栄の文化」**——自分を大きく見せようとするのが普通です。日本人はODA(政府開発援助)ひとつとっても、「私たちがやりました」とはアピールしません。

こういうふうに何重にも個人のパフォーマンスを押さえ込む文化があるので、海外のディベート大会に出ると、スピーチ以前のところで不利だと感じることが多いのです。

人によっては「日本人ばかりかアジア人全体にそういう謙虚なところがある」というかもしれませんが、中国、韓国、シンガポール、タイ、インドネシアなどは、世界大会では強豪国です。とくにお隣の韓国チームは英語はうまいし、パフォーマンスも上手です。われわれも世界大会に参加するようになって、外見の重要性にようやく気づいた次第です。

生徒も私も、スコットランドでとても「悔しい」思いをしたので、いつ世界大会に出場しても準備ができているように、練習方法を改めました。その結果、この世界大会以降、市立浦和の生徒たちはずいぶんとパフォーマンスがよくなってきました。

（3）

実力はついたが、なかなか次の優勝できず

成績振るわず

安藤を引き継いで寺山が部長になり、総勢15人による新たな戦いが始まりました。8月まで世界大会で右往左往してしまいましたので、12月の全国大会（2011年、第6回、石川県金沢大会）対策にすぐにでも取りかからなくてはならない状況でした。

唯一の世界大会経験者である寺山が部長となり、次の目標は2度目の全国大会優勝でした。世界大会帰国後から、いわゆる英語でコミュニケーションをとる練習（基礎練習）を始めましたので、寺山の学年はほとんどそれに引っかかりません。本格的にその成果が出始めたのは、その下の学年、その時点の1年生からでした。

生徒たちには、前年と同じくらい頑張れば、また栄冠に手が届くかもしれない、という思いがあっただろうと思います。

この年の論題は、以下の通りです。

Japan should abolish capital punishment.
（日本は死刑制度を廃止するべきである。是か非か）

11月の県予選会は、優勝が大宮高校、準優勝は浦和第一女子高校、そして3位に市立浦和でした。またしてもギリギリの県予選通過でした。

石川県で開催された第6回全国高校生英語ディベート大会は、64校中3位で予選を通過し、決勝トーナメントに進出することができました。しかし、準々決勝で、あの日本有数の超進学校である灘高校（否定側）と対戦し敗退。連続全国優勝の夢はこの時点で潰（つい）え、結果全国5位に終わりました。

敗因は、灘高が最後にくり出した奥の手を、わがチームがスルーしてしまったことにあります。灘校は否定側の論拠として、「誘拐犯に関しては死刑制度が抑止になっている」というデータを持ち出したのです。誘拐犯という内容自体も印象的で、実際、それが決め手となった、というジャッジがいました。結局、この大会の優勝旗は灘高が持ち帰りました。

ちなみにこの年から、高校生向けの即興型（パーラメンタリー・ディベート）の全国大会がいよいよ日本でも始まりました。

また振るわず

翌年（2012年）は畠山が部長になり、県大会は優勝と準優勝と快勝し、全国大会（第7回、千葉県幕張）は予選を8位で通過、決勝トーナメントは準決勝で負けてしまい3位でした。

しかし、基礎練習の成果がこの年あたりから出てきた感じで、予選1位で通過した宇都宮女子高のコミュニケーション（いわば英語力のこと）の点数が39点で、わが校は43点と、予選順位では負けていますが、英語力が上回っています。これ以降の大会も、優勝校と遜色ないコミュニケーション点を上げていくことになります。

この年の論題は、以下の通り。

Japanese universities should start their academic year in September.

（日本の大学は9月から学年を開始すべきである。是か非か）

もう優勝できないのではないか

第8回大会（2013年、長野県松本）は、中島部長で臨みました。県大会優勝は大宮高校。市立浦和は2チーム参加し準優勝と3位でした。

全国大会予選は初の1位抜けでしたが、本戦で神戸女学院高校に負けて3位。優勝に手が届かない状況が続きます。

この大会の論題は、下記でした。

The Japanese government should remove the tariff on rice imports.

（日本政府は輸入米の関税を撤廃するべきである。是か非か）

生徒たちは限られた時間内（4分）に情報を詰め込もうと、かなり早口で話していました。相手やジャッジのことをもっと意識してスピーチをするべきなのに、作業をこなすようなディベートに見られてしまったようです。

優勝した第5回では、相手の議論を崩すために質問を効果的に使ったのですが（この手法は他校も使うようになりました）、その行き過ぎが目立った感じです。

明確に相手の弱点を衝くことができず、逆にこちらの矛盾点を指摘されたことなども敗因として挙げられます。

しかし、聞き取りは上達し、以前のように相手に言い直してもらうことはなくなりました。

市立浦和が以前と同じように努力をしても勝てなくなったのは、決して生徒のレベルが下がってきたからではありません。むしろ、基礎練習で英語力やディベートのテクニックはずっと向上していたのです。

しかし、それ以上に外部環境が変わっていました。他校の指導者のレベルが上がり、それにつれて全体のレベルも上がって来ました。わが校の専売特許だった「勝って当然」の努力を、ほかの学校もするようになりました（うちより一生懸命やるところも出てきました）。それに、わが校の基礎練習を取り入れる学校も現れてきました。

最初の優勝以降、他県の数十校が視察に訪れました。いいライバルやディベートに取り組む学校が増えて初めて、英語ディベートも盛んになるわけで、われわれとしては大歓迎で、何でもノウハウを披露しました。

関東圏の学校に私が講師として出向くこともあります。ときに生徒を引き連れて、基礎練習の実際の様子を見てもらうこともしました。

しかし、他校との差別化もなくなり、大会で優勝できない年が続くと次第に、帰国生もいない、外国語科などもない市立浦和のような普通科の学校は、もう優勝できないかもしれない、という思いにとらわれることも多くなってきました。

そして迎えた第9回大会。部長は大森で、県予選は2チーム参加し、優勝と3位で納得のいく成績でしたが、全国大会（静岡開催）の結果が予選15位で、本戦に進むことができませんでした。第4回大会、竹本部長のときに22位に甘んじて以来の成績です。

敗退の主な原因は早口でした。初戦は敗退、2試合目は引き分けと続き、3戦目からは軌道修正をして話す内容を減らしたところからは全勝という結果を見ても、原因は明らかです。

この早口の原因のひとつが、基礎練習で英語力が上達したことが裏目に出た、と考えることができます。生徒たちは英語で話すことに慣れ、早口で十分にやり取りする英語スキルが備わってきたからこそ、情報を少しでも多く伝えたいという一心で、つい早口になった面があったのです。

この年の論題は下記でした。

The Japanese government should abolish nuclear power plants.

（日本政府は原子力発電所を廃止すべきである。是か非か）

分かりやすいディベートとはなにか

2015年、野内部長のもと、いくつかの改善を施したうえで、大会に臨みました。

まず「分かりやすいディベートを心がける」ということ。速射砲のように話しても、ジャッジに内容が伝わらなければ、意味がありません。

先にも述べた通り、ジャッジに内容を伝える責任があるのは、生徒たちです。ジャッジは基本的には一生懸命に聞き取ろうとはしません。どんなジャッジにも圧倒的な差で市立浦和が勝っていると思わせること。これは、初めて優勝した安藤たちにもいった言葉でした。ここしばらくの大会で、私たちが見失ってきたものを振り返り、過ちを修正する作業が必要でした。

それと、優勝校というプライドを捨てて、他の強豪校の胸を借りる気持ちでいこう、と話しました。おそらく、一度優勝して、無意識のうちに謙虚さを失っていたかもしれません。

準備も、第5回と同様に、圧倒的な量をこなすことに決めました。**準備した議論の90%は使わなかったといえるくらいが、準備の目安**なのです。事前にそれくらいの想定をして、他校と差をつけておかないと、優勝はできません。

11月に実施された県予選は2チームが参加し、優勝と3位という好成績で、全国大会（岐阜県）の出場権を獲得しました。

どのポジションの生徒にもアドバイスをしましたが、サマリー（総括）スピーチをした玉村には、いままでしたことのない特別なアドバイスをしました。それは、玉村がセンスのある生徒でしたし、最後のサマリースピーチは、全国大会のような競(せ)った試合では、勝利をもぎ取るためのとくに重要なスピーチとなるからです。

サマリースピーチをする人間は、肯定側、否定側のさまざまな意見から、試合ごとにそれらの議論の核となる部分とそうでない議論を識別し、核心をついた総括をしなければなりません。

これは試合中に議論の質を見極めなければならない難しい作業ですが、サマリースピーチには欠かせないことなのです。それができないと、こちらの陳述に背骨が通っていないような、弱い印象を与えてしまいます。

玉村にいまやった議論を振り返ってもらって、どこを見落としたか、どこに視点を置くべきだったか、具体的に指摘しました。

また、ジャッジを意識したサマリースピーチをするように指導しました。ジャッジはProbability（もっともさ）とValue（価値）という2つの尺度で、議論の大きさを判断し、勝ち負けを決めます。玉村にはその2つの言葉、ProbabilityとValueを考慮に入れてサマリーすることで、ジャッジに強い印象を残せると伝えました。

玉村は即興ディベートに取り組んでいた生徒のひとりでしたので、英語も上手なのですが、論理ではなく、言葉で何とか押し通してしまうところがありました。

自分がいいたいことを自分の言葉でいう——そんな生徒が育ってきたのは、大変うれしいことですが、アカデミック・ディベートと即興型のパーラメンタリー・ディベートでは、勝ち方に決定的な違いがあるのです。

先にも述べたように、われわれが初めて世界大会に参加した2011年からパーラメンタリーの国内大会が発足し、わが校も出場するようになりました。

アカデミック・ディベートでは最強の論理で最後まで勝ち抜く安定性が求められます。つねに最強のカードを出して試合をするというのが、アカデミック・ディベートの勝ち方なのです。即興性が強く出ると、試合に出来不出来が生じて、何試合も安定して勝ち抜けないのです。

一見すると、即興型で勝つほうがカッコよく見えるかもしれませんが、教育という観点や論理性に強くなるという観点からは、**アカデミック・ディベートのほうが生徒の力になる**と考えています。

玉村には私のアドバイスはジンマシンが出るほどのプレッシャーだったようですが、能力の高い生徒ですから、最後には全国大会に間に合わせることができました。

生徒たちは準備段階の議論も活発で、どの証拠資料を使うのが最も有効か、議論の結論をどうもっていったら勝てるか、など侃々諤々（かんかんがくがく）の話し合いをしました。

ここまでくると、私よりも生徒たちのほうが専門家です。嘴（くちばし）をはさむ余地はなく、のちに東大に進んだ嶋村などは、「先生、それはこうしたほうがいいです」と率直な意見をいっていました。

部長の野内が心を砕いたのは、全体の和をどうやって保つかということでした。同学年で部員が20人、全国大会のメンバーとして出られるのは6人までです。

しかし、この20人がリサーチの手伝いをし、強い練習相手となり、当日は情報戦のサポートに回りました。野内は、チーム一丸となって戦う雰囲気づくりをしてくれました。

優勝はチームで勝ち取ることが大事で、選抜の選手だけでは力を出し切れません。試合に出ない多くのメンバーに支えられてこそ、素晴らしいパフォーマンスにつながるのです。

感動！　2回目の優勝

例年になく入念に議論を構築して、11月、岐阜で開催された第10回の全国大会に出場しました。岐阜は前回優勝した、われわれには験（げん）のいい土地です。この大会の論題は以下の通りでした。

Japan should contribute more actively to the United Nations Peacekeeping Operations by relaxing its restrictions for the Self-Defense Forces.
（日本国は自衛隊の参加制限を緩和し、国際連合の平和維持活動により積極的に貢献すべきである。是か非か）

予選は5試合で4勝1分け、参加校66校のうち3位で通過することができました。1位通過は宇都宮高校（栃木）、そして2位は創価高校（東京）と、上位には全国の強豪校が並びました。

とうとう上位決勝トーナメントです。準々決勝では近江兄弟社高校（滋賀）と当たり、準決勝では高島（滋賀）とぶつかり、なんとか勝ち進み、強豪校でライバル校でもある宇都宮高校との決勝戦を迎えました。

宇都宮高校は肯定側で、日本の国際貢献の必要性と自衛隊の優れた能力の説明を主な主張にしていました。市立浦和は否定側で、武装した自衛隊の危険性と訓練不足での海外派遣の危険性、それと誤射の可能性を指摘しました。

結果は4対1で、市立浦和が勝利を収め、5年ぶり、2回目の優勝を飾りました。なんとか競り勝ったという極めてレベルの高い決勝戦だったと思います。

もう優勝は無理なのではないか、と落ち込んだこともありましたが、この勝利で市立浦和は蘇りました。「ディベート上手の英語下手」といわれ、即興力も弱かったわが校でしたが、基礎練習が本格的に効いてきたのだ、と確かな手応えを得ることができました。

次はタイでの世界大会です。基礎練習は世界での戦いを想定して始めたものです。恐れる気持ちよりも、どんな成績が残せるか、楽しみでさえありました。

(4)

とうとう世界大会で2勝をあげる！

2勝2票の好成績

2016年の世界大会はタイのバンコクで開かれました。前回はWSDCという大会に出場しましたが、今回は英語ディベート連盟から、AWSDC（Asia World Schools Debating Championships）という国際大会に参加してほしいという要請がありました。7月6日から11日までの日程でした。

じつはその年から、連盟が派遣システムを変えました。日本選抜チームを選考で選んでWSDCに参加し、全国大会の優勝校はAWSDCに出場することになったのです。いずれの世界大会もレベルはそれほど変わりません。

AWSDCの大会も、規模がややWSDCに比べて小さいだけで、イギリスや南アフリカなどの強豪国が出場します。

ちなみに、選抜チームのWSDCでの成績は、2014年が1勝7敗、その前年も同じ1勝7敗でした。帰国生で、英検でいえば1級を持っているような生徒でチームを編成しても、世界大会ではなかなか勝てません。いかに厳しい大会かが分かると思います。

前にも書きましたように英語ディベート大会ではなくディベート大会なので、英語力があるのは当然、知識や論理力の優劣が問われるのです。

われわれは2011年の世界大会で、日本と同じようなノン・ネイティブの国にも勝てずに全敗してしまいました。今回はよほど準備もしているし、1勝でもいいから勝ちたいという思いでした。

AWSDCは、すべてが1時間前に論題が発表される即興型パーラメンタリー・ディベートでした。

わが校はA、Bと2つのチームがエントリーしました。

勝ち負けは3人の審査員の票で決まります。2：1は敗者にも1票が入ったことになります。あと1票入れば勝ちというわけですから、競った試合ということもできます。

第2試合の対イギリス戦で、まず1票が入り、みんなで大喜びしました。前回のスコットランドはこの1票で終わってしまったのです。前半の試合で1票を得て、いままでの取り組みに確かな手応えのようなものを感じました。

すると、次の3試合目でAチームのインドネシア戦で初勝利が転がり込んできました。

やはり、基礎練習が効いてきた、という印象です。前回目立った**リスニングの弱さも克服**されていました。

AWSDCで市立浦和が勝ったり、票が入った試合は以下の通りです。

▶第2試合	Aチーム	1－2	イギリス	1票
▶第3試合	Aチーム	2－1	インドネシア	2票勝利
▶第5試合	Aチーム	1－2	中国	1票
	Bチーム	2－1	インドネシア	2票勝利
▶第6試合	Aチーム	2－1	Bチーム	3票勝利

私が2017年に選抜チームとバリ島の大会に行ったときに、2011年スコットランド大会で市立浦和のジャッジをした方とめぐり合いました。

そのときのわが校の印象を尋ねたところ、残念ながら日本人の発音が聞き慣れないので、何を話しているか、かなり分かりにくかった、といっていました。それでは勝てないのも当然です。

過去の日本チームの結果と比較しても、**公式な記録として2チームで3勝することができ、票も9票取ることができたことは、快挙といっていい**のではないでしょうか。

3日目までで予選全試合が終わり、4日目はインドネシアチームとの交換会があり、午後は上位チームの試合を見学しました。予選が終わり、決勝トーナメントに参加する国のチーム以外は帰国してしまうこともあります。オリンピックなどでも、試合が終わって帰国してしまうところがありますが、あれと同じです。また、観光に行くチームもあります。

われわれは勝ち上がった上位チームの決勝トーナメントの様子を見ましたが、とてつもなくうまいチームばかりです。

以下に市立浦和が戦った論題（motion）を掲げますが、頭に○をつけたのが市立浦和が勝利をあげたもので、国名に下線のあるものは、わが校が勝利した相手国です。

論題

This House believes that doctors should be allowed to strike.
（医者がストライキをすることは認めるべきである。是か非か）
対戦相手：マレーシア、南アフリカ

This House would set a maximum voting age.
（最長選挙年齢を設けるべきである。是か非か）
対戦相手：イギリス、韓国

○ As the Prime Minister succeeding David Cameron, this House would not trigger Article 50 of the Lisbon Treaty, with the intent of keeping Britain within the European Union.
（デイビッド・キャメロン後のイギリス首相として、EU にイギリスが残る意思として、リスボン協定 50 条をきっかけとするべきではない。是か非か）
対戦相手：<u>インドネシア（勝利）</u>、台湾

This House believes that multinational corporations should be prohibited from sending employees of a

reproductive age to Zika-affected areas.
（多国籍企業はジカ熱の感染地域に親となれる年代にある従業員を送ることを禁止すべきである。是か非か）
対戦相手：スリランカ、バングラデシュ

○ This House believes that career advice to "follow your passion" is doing more harm than good to the millennial generation.
（「自分の気持ちに従え」という就職の助言は、ミレニアル世代にとっては害になる。是か非か）
対戦相手：中国、インドネシア（勝利）

○ This House believes that the feminist and LGBTQ (lesbian, gay, bisexual, transgender and queer) movements should actively embrace and reclaim derogatory slurs.
（フェミニストとLGBTQ運動は、軽蔑的な中傷表現を積極的に取り入れるべきである。是か非か）
市立浦和同士（1勝）

土壇場のポジション替え

第5試合でBチームが勝利しましたが、じつは本番前に急遽、ポジショニングを替えたことが吉と出ました。

スポーツでもそうだと思いますが、公式戦の最中に突然ポジションを変えることは普通ありません。慣れない役目を突然振られても対応できないからです。

試合では練習してきた80%〜90%くらいの力が出せれば大成功です。よく試合で100%出したければ、練習は120%でやらなければダメだといいます。突然のポジション替えは、そういう生徒たちの習練を台無しにするリスクを伴います。

ポジション替えは私の提案だったのですが、決めるのはチームのメンバーです。

世界大会では、一番大切なスピーチは、やはり1番手で、締めのスピーチもその人がすることになるので、とくに重要です。それぞれのポジションには次のような役割があります。

1番手のスピーチはチームの顔です。強いチームなのか、そうでないのかが、一番手のスピーチを聞けば分かります。

2番手はアタックで、相手の弱点をうまくあぶり出すセンスが求められますが、同時に議論の再構築もしなければならない重要な役割です。

3番手は、議論されてきたさまざまな論点を整理し、詳細に分析・比較する役割です。重要な論点を落とすことのない、核心の把握力が求められる役割です。

4番手は、1番手が再び務めるのが原則です。なぜ自分たちの議論のほうが優れているのかを、説得力をもって説明します。

Bチームで1番手を担った玉村の調子が少しよくありませんでした。緊張もあり相手の雰囲気に飲まれたのか、先方の発言もよく聞こえない様子でした。調子がよかったのは3番をやっていた大澤で、英語も比較的できる生徒でした。

この１番手のポジションを玉村から大澤に替えるように提案しました。そして、玉村は２番手へ、２番手だった長江は３番手に移りました。長江は議論の着眼点も鋭く、その大会では調子がよいほうでしたので、３番手に回って論点整理する役目もこなせるだろうと踏んだのです。

しかしながら、１番の玉村にも市立浦和のエースとしてのプライドがあります。世界大会に来てからのポジションの変更には、感情的に受け入れにくいところがあったかもしれません。

チームのメンバーから「交替しよう」とはなかなか言い出せません。そこで、私がメンバーの客観的な分析をし、ポジション替えの理由を説明、ジャッジの印象もよくなり、マナーの点数も上がるだろう、と伝えました。

私の提案を受けて本人たちが話し合い、結局、提案通り順番替えを行い、Ｂチームの勝利に結びつけることができました。

１番手に移動した大澤は、国内大会で１番手を経験したこともありましたが、世界大会では３番手でやってきました。精神的にも強く、チャンスに飛び込んでみようという気持ちがある生徒でした。後先を考えずに突っ込んでいくのは、だいたい男子生徒かもしれません。

多人数のスポーツの試合やビジネスの現場でも、上の立場の人間が、いま守勢なのか攻勢なのか、誰が調子がよくて誰が悪いのか、メンバーの特性をよく見極めて、場合によってはチームの最高のパフォーマンスのためにメンバー替えを行うことがあります。

采配がうまくいかないときは、上の人間の責任ですが、交替をさせられたメンバーにもわだかまりが残る可能性があります。

ですから、メンバー替えというのは、リスクのあるとても大きな決断なのです。

難しい出題にどう対処するか

われわれが1勝を上げたテーマのひとつは、**「イギリスがEUに残る意思として、リスボン協定50条をきっかけとすべきではない」**というものです。これを一度読んで理解できる人は、相当世界情勢に詳しい方です。

「リスボン協定50条」とは、EU離脱の条件の書かれた条項で、イギリスはそういう条項にかかわらず、自らの意思でEU参加を継続すべきである、という趣旨です。

私たちは、新聞などで半年ぐらいのスパンでニュースの話題性を調べ、イギリスのEU離脱が大きな問題になっていることを知っていました。その関連で同条項があることもつかんでいました。まさにリサーチの勝利ということができます。

実際、大会直前の6月23日、イギリスでは国民投票で、EU離脱派が過半数を取り、世界に衝撃を与えました。

事前の準備で、いかに感度よく調べをつけて、頭にデータと理論をたたき込んでおくかが勝負になります。

それにしても、よくぞ厳しい条件のなかで、この1勝をあげたものと感心します。

取り組みやすい問題もある

もうひとつ勝ったのが、**「"自分の気持ちに従いなさい"とい**

う就職の際の助言は、ミレニアル世代にとっては害になる」というものです。ミレニアル世代というのは、一般的に1981〜1996年の間に生まれた人たちのこと。自分たちに近い世代の問題として捉えることのできた問題なので、比較的取り組みやすかった論題かもしれません。

自校のチーム同士で戦ったのが**「フェニミストとLGBTQ運動は軽蔑的な抽象表現を積極的に取り入れるべきである」**というもの。

ちょっと読んだだけでは、出題の意図が捉えにくい問題です。これも、LGBTQがさまざまなかたちで記事になる機会が増えていることを知っていれば、リサーチのなかで見つけられる論題です。

「queer」という単語は「変な」とか「変なやつ」という意味ですが、当人たちが「queer」という言葉を誇りに思っている場合があります。

そうしたものを積極的に利用してこそ、逆に多様性が担保されるきっかけになる、という問題です。わがチームはそれをきちんと理解してディベートしていました。

世界のニュースに触れる

第1試合の**「医者のストライキ権を認めるべきか」**という論題は、若い人は知らないかもしれませんが、日本でも公務員や国鉄、飛行機会社がストライキをしたことがあり、多少は日本の高校生でも論点が分かる可能性がある論題でした。

ちょっと困ったな、と感じたのは、**「多国籍企業がジカ熱の**

感染地域に親となれる年代にある従業員を送ることを禁止すべきである」という論題です。

どうやらジカ熱というものがあって、それに感染すると子どもが生まれた場合に影響がある病気らしい、ということは論題から分かります。しかし、日本ではニュースとして注目されていなかった問題でしたので、事前の調べが足りなかった論題です。

多国籍企業の一部で、親となり得る世代を感染地に送り込んで、大きな社会問題になったことが出題の背景にあるようです。

ちょうど2015～2016年に中南米を中心にジカ熱（ジカウイルス感染症）が広がりました。感染者の血を吸った蚊が媒介になるそうです。妊婦が感染すると、小頭症の赤ちゃんが生まれる原因になる、といわれます。手足の麻痺や筋力低下などを引き起こすギラン・バレー症候群と関連があるともいいます。

これは、そういう親世代を感染地域に派遣することまでも政府が「禁止」すべきなのかどうかを問う論題でもあります。

つまり自己責任の範囲をどう捉えるか、ということです。企業として対応をとる問題なのか、個人の自己責任に任せて済む問題なのか、またそのどちらにも合理的な判断ができそうもなければ、政府が介入し強制的に「禁止」するべき問題なのか、そのようなことを問いかけている論題なのです。

これらの論題で分かったことは、**世界大会を意識した場合、海外のメディアから東西のニュースをチェックしておく必要がある**ということです。対戦相手のスリランカやバングラデシュのチームは、ごく普通にこれらの問題を論じていましたから、彼らには違和感の少ない問題だったのではないかと思います。

国際ディベート大会では、英語のハンデ以外に、知識や情報面でのハンデがあることが改めて分かりました。

日本のメディアや教育にはガラパゴス的なところがあり、それらを早急に改めないと、世界で活躍できる子どもたちは育たないなと、感じました。

生徒たちは試合を前に、必要に迫られてニュース記事や文献を読んできましたので、身につくのも早かったのではないかと思います。ふだんの授業で宿題としてやらされているのとは、まったく違います。

はたで見ていても、実り豊かな学習をしているな、と感じます。これが社会人になっても、心の財産となって残っていってくれればいいな、と思っています。

生徒の自主性に任せる

最初の優勝のころは、私がいろいろと主導権を発揮して生徒たちにやらせていました。

しかし、これだけだと、生徒に本物の発想力や決断力、行動力がついてこないことに気づきました。

ディベートの試合では、生徒が自分で即断しなければいけない場面がたくさんあります。まして周りのレベルが上がってくると、想定外の議論になり、対処に困る場面が増えてきます。

とくにパーラメンタリーのような即興型のディベートでは、生徒の自主性のウエイトはかなり高くなります。

そこで、とにかく自分で考え、自分で判断する癖をつけるよう、指導を少しずつ変えていこうと考えました。そうしないと、もうひとつ上のレベルのディベーターにはなれないのです。

生徒たちから１歩あるいは２歩離れて、彼らの自主的な活動を見守るようにしました。これは指導者としてはすごく勇気が要ることです。

生徒たちの先頭に立ち、旗を掲げて世界大会を目指すのではなく、生徒たちの一歩後ろからサポートしていくことに考えを変えたのです。

目標を高く設定

世界を視野に生徒たちに恥をかかせないようにしよう――２回目の優勝までの５年間、一番大きかったのは、その目標設定だったかもしれません。

先にも記したように、当初日本の高校生にはパーラメンタリー・ディベートは難しいのではないかといわれていました。ところが、実際にそのための大会が始まると、即興ディベートのハードルがずいぶん下がりました。

ハードルが高く、無理と思えたことも、若者たちはいつの間にかクリアしてしまいます。これを前のままの目標設定にしておくと、進歩が止まります。

仮に市立浦和が「県大会優勝」を最終目標に設定すると、誰ひとりとして世界大会に挑戦したいという生徒は出てこないでしょう。

国内で優勝すればいいというのと、世界に行くぞというのでは、すべてが違ってきます。

日本語でも対応が難しい問題について８分間、説得性のある議論を展開した生徒たちには本当に頭が下がります。高い目標が彼らのレベルを引き上げたのです。

タイ研修

タイの世界大会の決勝戦のパーティーにはドレスコードがあり、フォーマルか民族衣装を着ることになっていました。われわれは日本の民族衣装である浴衣を着て参加しました。

向こうの人は浴衣をトラディショナルなものと感じるようで、たくさんの人が寄って来てくれます。浴衣はすべて自前で持って行きました。

大会のあいだは一切ホテルを出ることはありません。試合会場に行って試合をやり、終わったら部屋に戻り、試合の反省をする――それだけです。苛酷なスケジュールです。

ディベート大会が終了してから、1日だけタイの研修日をいただきました。行ったのは、水上マーケットや王宮、王室寺院、バンコク最古の寺院などです。

ふだん全国大会で岐阜や名古屋に行っても、日帰りです。タイは1日だけでもその国の様子が見られてよかった思います。

生徒たちはなにを思ったのか

ここで、2016年の世界大会に出た生徒たちの感想を紹介していきましょう。

●野内瑛里「レベルの高いディベーターに出会い、世界のレベルの高さを痛感し、まだまだ努力の余地のあることに気づけました。それが何よりの収穫だと思います」

この生徒は部長をしており、沈着冷静にいつも筋の通ったディベートをしていました。

●長江佳乃「英語経験は中学の授業以外まったくのゼロでしたが、2年半の部活動で海外の生徒と会話ができるまで英語力が身につくのだと自分でも驚いています」

長江は「高入生」で、高校から入って来ました。市立浦和は中高一貫は2クラスで、高校から6クラス加わって、最後は8クラスで卒業します。彼女は入部時には英語に関して特別なことをまったくやっていない状態でした。

●大澤賢「高校に入ってからディベートを始めても、世界でまったく通用しないわけでもないことの証明になったと思っていただけるとうれしいです」

大澤は例のBチームで3番手から1番手に変更となった生徒です。普段は寡黙ですが、ディベートでは力強いディベートをします。

●嶋村綾「この大会で、世界で通用する論理力をある程度証明できたことは達成感でした。しかし、英語力や即興力の低さを痛感し、まだまだ向上していかねばならないと改めて思いました」

嶋村は中高一貫の生徒で、中3の夏に部活を引退して、早めに高校のインターアクト部に参加した生徒です。中高一貫には、高校受験のための部活動の引退がありません。しかし、やる気のある生徒たちを早めに高校の部活に受け入れる制度があります。といっても、中学もそれなりに忙しいので、いつも参加というわけにはいきませんが。

彼女に中3の夏に「中学校英語ディベート大会」に出るようすすめました。メンバーを集めて出したところ、中学生全国大会で全国優勝をしてしまいました。練習期間は、夏休みと9月だけ。

当時、中学生全国大会は、まだ参加者は少ないし、レベルもそう高くないこともあり、高校で教えている指導者がいると勝ちやすい傾向があったのです。

その彼女が高校でも全国優勝して、世界大会にも出場。わが部で、中学、高校と両方で全国優勝したのは後にも先にも、彼女だけです。いまは東大の文Ⅲに行っています。志が高く、世界を舞台に活躍したいと考えているようです。

彼女は中学でバトミントン部だったのですが、芳しい実績を残せず挫折を経験しています。それがバネになっていたのかもしれません。中3でインターアクト部に早期参加をしたときに、「どうせ私は何をやってもうまくいかないですから」とネガティブにつぶやいたのをいまでも覚えています。高校になってから全国、世界、東大と一躍花開いた生徒です。

ディベートでの活躍が、彼女のあらゆる面での奮起のひとつのきっかけになったのかもしれません。人はひとつうまくいくと、ほかもつられてうまくいくようなのです。

●松本紗季「ディベートを始めたときは、まさか自分が世界の人々と英語で討論できるようになるとは思っていませんでした。今回、勝つことができて、市高のインターアクト部で活動してきたことを誇りに思います」

松本も中高一貫の生徒ですが、中学にはインターアクト部はありませんから、条件的には高校から入った長江と同じです。嶋村とは半年くらいの差でしかありません。

3回目の優勝、そして世界で5勝

2016年は古瀬部長のもとで戦って、県予選は優勝と準優勝で、10年連続、県代表で全国大会へ進みました。

全国大会は茨城県水戸市で開かれ、予選は2位で通過し、決勝は3位で終わりました。この年の論題は下記です。

The Japanese government adopt a social security system that provides a basic income to all Japanese citizens.
（日本政府はすべての国民にベーシックインカムを給付する社会保障制度を採用すべきである。是か非か）

2017年は青野部長のもとで戦い、県予選は優勝と3位で通過し、11年連続の県代表です。

埼玉県川越市で開かれた全国大会では、予選は2位で通過しました。

前回、埼玉県で全国大会を開催したときは、私が役職の仕事もあり、決勝トーナメントにさえ上がれなかったことを思い出しました。

2018年の決勝戦の対戦相手は、宇都宮東高校（栃木）でした。ふだんの基礎練習の成果もあり、発音、リスニング、スピーチ法など英語力的にも問題ありませんでした。そして、準備していた論題がはまって、3回目となる全国優勝でした。論題は以下の通りです。

Japan should significantly relax its immigration policies.
（日本は移民政策を大幅に緩和するべきである。是か非か）

これはじつは第5回で優勝したときと同じ論題でした。だいぶ底力がついてきた――そういう感じの勝ちっぷりでした。

そして、**チェコ・プラハで開かれた世界大会（2018年7月13日～16日）では5勝**という結果を残しました。世界から23カ国、64チームが参加した大会でした。

市立浦和が勝利をおさめたのは、イスラエル、チェコ、インド（2勝）、トルコです。市立浦和の2チームのうち1チームは3勝を上げ、勝率5割という好成績でした。

相変わらず難問ばかりでした。

「母国に住まない市民が選挙をすることを禁止するのは是か非か」

「発展途上国の都市部に住む人々には高い税金を課すべきである。是か非か」

「メディアが有罪判決を受けた犯罪者と話をしたり、インタビューすることを禁ずるのは是か非か」

これらの問題に果敢にチャレンジし、見事な論理と英語力を駆使した生徒たちに胸を打たれました。

2章

論理を強くしたら、勝てるようになった

(1)

AREAはシンプルで使い勝手がいい

○↔○
LOGIC

英語の議論がシンプルにできる

本書で展開するAREA（エリア）という論理構造は、私が独自に作り出したものではなくて、ディベートの世界では、昔からあった考え方です。しかし、それを教育のレベルまで落とし込むことは、あまりされていなかったかもしれません。

ディベートをする大学生やその専門家のあいだでは、AREAで論理を構築するのが当たり前とされていました。

私は、生徒たちに指導をするうえで参考になるものはないか、どうやれば一番分かりやすいか、など専門的なものも含めていろいろな本を読み漁りました。

そのなかにAREAがあったのです。これは構造も簡単で、すごく分かりやすく、エリア（面積、地域）という言葉もなじみがあるので、生徒のディベート指導に使ってみることにしました。**Assertion**（主張）、**Reason**（理由）、**Example**（例）、**Assertion**（主張）の頭文字をとって**AREA**です。

シンプルで指導もうまくいったので、いろいろな先生に、「AREAでやると、英語の議論が非常にシンプルにできますよ」と紹介しました。次第に入試の英作文にも使えることが分かってきました。

たとえば、**東大入試の英文作成「50～80字で書きなさい」という問題も、AREAで書けば、主張、理由、例証、主張のセットで、論理展開を正しくできる**のです。

必要なのは「型」だった

生徒に自由に話しなさい、自由に書きなさい、というと、立ち往生します。 やり方が分からない状態では、自由にやれといわれるほうが困るのです。そこで、AREAの型を与えて、その構成で1分間話しなさいとか、AREAの構成で書きなさい、というと、型に当てはめながら話したり書いたりすればいいので、できるようになります。

これまでは方法論も教えずに、自由に話しなさい、書きなさい、とやってきたのですから、生徒はたまったものではなかったでしょう。

読者のみなさんで、学校でバスケットボール、バレーボール、サッカー、なんでもいいのですが、事前にどういうルールがあって、どういう技術が必要で、その技術をある程度、練習したうえで実戦に臨んだ、という方はおられるでしょうか。

ほとんどなにも習わずに即本番という話をよく聞きます。球技であれば、どこのポジションになるかで、まったく教わることが違うはずです。体育などの授業はそういったことは、おそらく端折(はしょ)ってやってきたのでしょう。

欧米は幼児期からディベートの訓練

欧米には議論、ディスカッションの文化がある、とよくいわれます。日本人が苦手なのは、そういう文化がないのだから仕方がない、とされてきました。しかし、わがインターアクト部を見る限り、それは訓練で身につけることのできるものだ、と確信します。後で古瀬という元部長のことに触れますが、彼女は普通の会話より論理を使うコミュニケーションのほうが得意、といっていました。

それでは、欧米がいかに小さいころからディベートなどの技術を子供たちに教え込んでいるか、見ていきましょう。

イギリス・ブライトンの底辺地域の託児所で保育士をしていたブレイディみかこさんの本（『子どもたちの階級闘争』みすず書房）には、次のようなことが書かれています。

3、4歳の子どもたちのあいだでもめ事が起きたときに、ペルソナドールという人形を使って解決をはかる方法があり、それを「恒例のディベートごっこ」と著者のブレイディは呼んでいます。

英国には「幼児教育の憲法」があり、4歳で小学校に入学する前に、「子どもたちは自分の意見をしっかりと述べ、他者を説得する努力をする姿勢」を身につけることになっているらしいのです。

子どもたちは自分に似た人形に感情移入する傾向があるとい

います。ある白人の女の子が玩具を独占して離さないという問題が起きたとき、白人の女の子の人形をジョーシーと名付けて、ブレイディがこう話しかけます。

「ジョーシーはどうしてこんなことをするの？」

すると、園児のひとりが、

「彼女は玩具を独り占めしたいんだ」

と意見を言います。さらに、

「でも、そういうことをするのはどうしていけないんだろう？」

と問いかけると、

「僕たちはシェアしないといけないから」

という答えが、子どもたちから返ってきます。

「シェア」という概念はイギリスではとても大事されていて、幼児のときからことあるごとに教えるそうです。

先生と子どもたちが論理を組み上げて、問題の解決に導いていっているのが分かります。それを「ディベート」と呼んでいるわけですが、まさに本質を衝いていると思います。

ディベートというと、単に議論の応酬をしているだけと思う人もいるかもしれませんが、何らかの解決策を求めて互いに意見を交わし合うのが本来の目的です。

アメリカの作文教育

次はアメリカの作文教育を見てみましょう。

アメリカは州によってだいぶ教育のあり方も違うようですが、作文教育に関してはどこもかなり力を入れているようです（以下、リーパーすみ子『アメリカの小学校に学ぶ英語の書き方』コスモピアを参照）。

幼稚園の段階から順次積み上げるかたちで、次第に長文が書けるところまでもっていきます。小学3年生ぐらいが書く英文が、すでに、社会人として就職できるくらいのレベルだと著者はいいます。

アメリカの大学入試では「エッセイ」が大きな比重を占めるといわれていますが、じつはその準備を幼児のころから延々としているというわけです。

幼稚園では絵と組み合わせて文を作ることを学びます。聞こえたものを自分で発音して、それを書き表すというやり方をとります。Inventive Spelling という手法で、音から入る、ということを徹底しているようです。

文章を構成する大事な要素である **5W1H** は幼稚園のころから教えます。そして、**Six traits（6トレイト）**というやり方で、文章の作り方を学んでいきます。それは次のような中身です。

1　ウェブ（web）を使ってアイデアを決める
2　文章の構成を考える
3　voice（意見、主張）を入れる
4　語彙の選択
5　文章の流れ
6　文法などのルールを守る

1の**ウェブ**は「蜘蛛の巣」で、中心的な話題の周りに関連で思いつくことを書き出して、文章の中身を決めていくやり方です。小さい子はブレーンストーミングで、この中身を出し合っていきます。

インターアクト部でも、中心の話題をめぐってブレーンストーミングして、必要な単語を書き出し、AREAの形に落とし込むようにしています。

2の**「文章の構成」**では、文章を連続させたり、つなげたり、時を示したり、しめくくったりする言葉を意識させるようです。たとえば、次のような言葉です。

- **連続性**　first, then, after, next, later, last
- **つなぎ**　because, so, when, however, also
- **いつ**　one day, last week, when I was little
- **締め**　so finally, in the end, That's all

こういう文を構成する要素を学べば、文章は作りやすくなります。

3の**「voiceを入れる」**と4の**「語彙の選択」**では、同じ言葉を使わないように、ほかの言葉で言い換えができないか、と考えさせます。

たとえば、specialを言い換えると以下のような単語が挙げられます。

nice, wonderful, kind, amazing, marvelous, fantastic,

fabulous

子どもの作文は、どうしても「〜ました」の連続になりがちです。「食べました、遊びました、帰りました」といった調子です。そこにつなぎの言葉や自分の主張（voice）を入れることで、文章に躍動感が出てきます。語彙の選択もその一環です。

四角文章法

6トレイトを基礎にしながら、さらに進化したのが **Four Square Writing Method** です。中心の話題の周りに4つの四角を配置し、そのうち3つは中心の話題に関するトピック（detail）を書き出し、残りの四角でその3つのトピックをまとめる（summary）というやり方で、幼稚園のころからこの方法を教えるそうです。

たとえば、中心の話題が「I want to be a doctor when I grow up」だとして、3つのディテールを考えます。

・I'm interested in health.
・I'm interested in biology.
・I'm interested in making money.

これをまとめる（サマライズする）と、以下のようになります。

・I want to be a doctor when I grow up, because I'm

interested in health, biology and making money.

長文にする場合は、ディテールをさらに4つの四角で言い表すようにすれば、入れ子構造で、文章を長くできます。

小学校も4、5年になると、**Inverted Traiangle（逆三角形）**という、もとはジャーナリストたちが使った文章作法を学びます。これについては詳細は同書に譲るとして、5年生では、先生がテーマを出して、それにYesあるいはNoの立場で文章を展開する授業もあるそうです。これはまるで「ディベート」と同じやり方です。

たとえば、先生から次のような質問が出されます。

・Should we wear uniform at school ?
（学校では制服を着るべきだろうか）

・Should we have a year round school ?
（一年中学校に行くというシステムはいいのだろうか）

・Should all students go to a dual language school ?
（すべての生徒がバイリンガルの学校に行くべきか）

これに生徒は答えるわけですが、そのときにFour Square Writing Methodが力を発揮します。それにInvented Triangleがあれば、長文もOKです。

いかにアメリカでは幼少時から作文のメソッドを丁寧に教え込んでいるかが分かります。そういうなかから、論理的に強い文化が育ってきているわけです。

子どもは技術やメソッドを渡せば、それを使って論理性のある文章やスピーチができるようになるのです。

フランスの「論述」法

もうひとつ、フランスの例を出しましょう。

フランスでは高校卒業時に「哲学」の試験があり、テーマに沿って4時間もかけて自分の考えを展開するらしいのですが、これも「論述」の授業で論理の展開の仕方をきちんと学ぶそうです（以下、中島さおり『哲学する子どもたち』河出書房新社を参照）。

構成は序論、本論、結論とごく普通ですが、序論は論題を**リライト**して、自分の言葉で書き直す作業をします。これが要約ですね。

次は、序論で出てきた単語を**「定義」**します。読み手と共通の理解に立つためにも必要なことです。

次も論を進めるうえで効果的と思われるのですが、論理を2つ以上用意して、**「互いに矛盾する構図を作る」**といいます。それらを突き合わせることが**「考える」**ことだというのです。

複数の論理から、考えうる複数の答えを見つけたら、今度はそれを**「極端に推し進めて」**みる。論を煎じつめると、「**アポリア**（相反する2つの説が共に成立すること）」に至り、そこから別の道を探るのがポイントです。

「結論」部分ですが、そのまえに扱ったものの単純なくり返しではいけない、とされています。授業で習った哲学者の考えを随時引用して、自分の説を補強しなければならないのです。

やはりフランスでも論理的に考えるための武器を生徒たちに渡していることが分かります。

なにをするにしても、客観的で、普遍的な方法論に落とし込む姿勢には、学ぶことが多いと思います。

まとめるとこうなります。

1　問題の要約

2　用語の定義

3　問題提起（与えられた論題に複数の妥当な見解があって、それらが互いに矛盾するという構図を作る）

4　本論（3の複数意見から別の道を探る）

有力な武器を持ってこそ戦える、ということです。

日本ではそういう訓練が少なすぎるように思います。

私が英語ディベートに取り入れた**AREAは、私が生徒に与えた論理構築のための“武器”**だったのです。

ディベートで確かめられた有効性

私がディベート練習で提唱するAREAの有効性は、実戦で確かめられてきましたが、**スピーチでも英文作成でも力を発揮**します。

例文と一緒に**AREA**の説明をしていきましょう。

① Assertion（主張）

Firstly, we must keep the Earth from warming,

② Reason（理由）

because the polar regions are losing their permanent frozen grounds rapidly.

③ Example（例）

For example, Mr Nicholas Parazoo, from tthe Jet Propulsion Laboratory at NASA, said 6800,000㎢ of them may be lost by 2300 in Sibelya, Northern America, and the Canadian artic.

④ Assertion（主張）

Therefore, the Paris Agreement must be practiced by participating countries.

よくイントロダクション（導入）、ボディ（議論）、コンクルージョン（ボディの結論）という3つのパラグラフ構造で書きなさい、話しなさい、といいますが、イントロとコンクルージョンはまだしも、生徒にはボディをどう書いたらよいのかがよく分からないのです。ボディにはキーセンテンス（カギとなる重要な文）、あるいはトピックセンテンス（主題となる文）を入れることになっていますが、いまひとつ具体性がないので、生徒はうまく表現できずにいました。生徒がほしかったのは、そのボディの**具体的な進め方**だったのです。

ボディはAREAで構成すると、とてもスムーズにいきます。

ボディに2つ理由を入れるのであれば、AREAを2回くり返せばいいのです。インターアクト部の生徒たちは基礎練習を全部AREAでやっています。

私もふと気づくと、会議などでAREAで話しています。分かりやすく相手に伝えようとすると、自然とAREAになるようです。

禁煙をどう主張するか

AREAの中身についてもう少し具体的に触れていきましょう。

Assertionは、自分の立場を先に明確にする狙いがあります。私はこれから、こういうことを話します、と宣言するわけです。「タバコは特定の場以外では禁じられるべきである」が主張です。

Reasonは理由で、相手を納得させるのに欠かせないものです。たとえば、「自分の子を含めた他者に危害を加えることになるからである」といいます。

Exampleは、理由をより正確に、明確にするための補強です。データであったり、事例であったり、客観的な材料です。そういう意味では、EvidenceのEでもあります。喫煙、非喫煙者によるガンの発生率の違いや間接喫煙のデータなどを出します。

最後にまた**Assertion**に戻ります。ただくり返すのではなく、少し表現は工夫したいところです。最初が「たばこは特定の場以外では禁じられるべきである」としたら、「家庭内でも喫煙の害は問題である」と枠を広げてみるのも、ひとつの方法です。

これらがワンセットでそろえば、相手の理解を得られる発言になります。

ディベートの相手と差がつくのは、ものごとの見方とか切り込み方です。斬新な視点が出せて、補強もちゃんとされれば、「おお、すごいな」となります。

たとえば、喫煙はよくない、という主張を、身体に悪いから、と補強しても、いまとなれば新鮮味がありません。何かほかの材料がないか探します。

ここが力の見せ所で、たとえば社会的な弱者である子どもたちに焦点を当てます。子どものことになると、たいていの人は敏感に反応します。としたら、そこで何を例に出していくかです。

社会的に分煙が進んでいますが、さて家庭ではどうでしょうか。子どもが受動喫煙する可能性がありますし、歩きたばこは子どもの顔とか目の高さになり、危険です。

歩きたばこから子どもが失明になったケースが日本でもあります。妊婦がいる場合、流産のリスクが約2倍、早産は約1.5倍高くなるともいわれます。子どもがたばこを誤飲するケースもあります。

家庭内の喫煙は子どもを傷つけるという意味でよくないのでは、というと説得力が増しますね。

【喫煙はよくないという英語の例文】

I think smoking at home is bad especially for children, because they face the severe risks of tobacco by breathing in the smoke that surrounds them at home. Also, adults carry cigarettes at the height of children's eyes, which can lead to children becoming blind. In addition, the risk of miscarriage among pregnant women who are exposed to cigarette smoke increases by about 2 times and the risk of premature birth by about 1.5 times. Therefore, I think smoking at home is terrible.

高齢者問題の切り口は?

私はディベートにかかわってだいぶ経ちますが、初めて聞くようなトピックに出合うと、すぐに切り込み方をさぐる癖がついてきました。その社会問題のバックボーンにあるものを想定して、どう論じるのがいいか、考えるのです。

生徒は見慣れない論題に出合うと、間違った解釈をして、とんちんかんな議論をしてしまいます。そうならないためにも、**的確な切り口を見つけることは重要**です。

たとえば、高齢者問題(aging issue)は世界中の先進国で差し迫った問題になりつつありますが、それを論じるには、どういう切り込み方ができるのか。

高齢者の増えている国は、同時に少子化(declining birth-rate)も進んでいるので、生産労働人口(working age population)の減少という問題に結びつきます。中国の総労働力人口は、2030年までには67%に低下するといわれています。

移民の受け入れで多少は人口増になる先進国は、アメリカ、カナダ、イギリスに限られるともいわれています。あとの先進国は軒並み高齢化、少子化の影響を受けて、人口減が急速に進みます。黒海やバルト海の周辺では、人口減で廃墟(ruins)となる地域が広がる、という指摘もあります。

国に活力（vitality）がなくなる、消費（consumption）が低迷する、といったマイナスの捉え方もあれば、AIやロボットなどの支援があれば、高齢者や女性なども十分労働力になり得る、という意見もあります。日本などは高齢化先進国ですから、介護（care）など積み上げてきたノウハウが、世界に輸出できる、ともいわれています。取り扱いの簡単なスマホ、身体に負担の少ない（less burden）、ぜいたくな（luxurious）旅行など、高齢者対象のビジネスもさまざまに展開されるだろうといわれています。

高齢社会は、人間が夢みた世界の到来でもあるのです。それを肯定するのか、否定するのか、というのは、非常に興味深い問題です。

自分なりに情報を集めて、どう考えたほうがいいのか、関連単語などを書き出して、AREAを使って、スピーチにしてみてはいかがでしょうか。

exampleが足りない

われわれは論理的に話すことに慣れていません。だから、理由は？　と聞かれて、よくとんでもない答え方をします。たとえば、

「私はアニメが好きです」
「どうしてですか？」
「アニメはおもしろいから」

これでは理由をいったことになりません。

最初に結論をいう癖をつけると、論理的に話せるようになります。結論のあとに理由付けがないと恰好がつかないからです。

日本人は英語で、よく something や anything を使いたがります。これも、論拠を曖昧にしたい気持ちが表れています。

日本語を論理的な言語ではないという人がいますが、私は考え方や文化の違いから、論理力を育ててこなかっただけだと思います。ふだんから直接的な言い方を避けるところがありますから、それも論理の弱さとして出てしまうのでしょう。

生徒たちにディベートを教えてきた経験からいえば、example（例）がきちんと出てこない、という印象です。ふだんから自分の考えを表明して、人とすり合わせをしていないからではないでしょうか。

たとえば、「大学に行ったほうがいい」というので「なぜ？」と聞くと、「就職に有利だから」との答え。「たとえば、どんなふうに？」と重ねて聞くと、そのあとが続きません。「大企業の採用はほぼ大卒を条件にしている」など、なんでもありそうなのですが、答えが返ってきません。

とにかく、**example の量がすごく足りない**、あるいは example が必要だという意識がとても薄い、といえるでしょう。

切り込み方を教える

exampleが出ない、というのは、高校生に特有の現象ではありません。全般的に日本人は、コミュニケーションの手段として、**具体例を挙げて明確に説明することを避けてきた**のではないでしょうか。

日本の子どもたちは、ディベートの国際大会に出てくる海外の子どもたちに比べて、社会とのつながりが全体に弱い気がします。マンガやゲームの話は盛んに出てくるのですが、**社会問題や政治についての知識が極端に貧弱**です。

日本人は「平和ボケ」だといわれることがあります。日本は快適で、安全で、暮らしやすい国だと思います。政治の話、社会の話などの議論をしなくても平和に生きていけますが、それが生徒たちの社会的な無関心に影響しているのかもしれません。

部活では、世界大会に行く前になると、出題されそうなテーマを選び出し、それについてどう考えたらいいか、生徒に切り込み方などを話します。

世界大会に行く生徒たちは、人権とか自由、宗教、正義・公正などの問題に敏感で、意識も高くなってきました。単にディベートで役に立つだけではなく、実際に社会問題が起きたときに、それは社会的に正義なのか、公平なことなのかと発想する癖のようなものがついてきたのではないかと思います。

発想の型を覚える

私は「切り込み方」という言葉を使いました。それは**「発想の型」**と言い換えてもいいかもしれません。それぞれの論題が出されるときには、期待される議論があって、それを外してはならないのです。

北朝鮮の核の問題を論じる場合、厳しい制裁を課して、6カ国協議の場につかせるのか、あるいは太陽政策を採って、相手の軟化を図ってから協議に持ち込むのか、この2点は欠かせない論点になっています。

では、あなたはどちらの立場で、何を根拠にそれを主張しますか、ということです。過去の甘い施策が核の暴走を許したのだから強く出るべきだ、いや厳しく出るほどに核の選択に追い込んでしまうからだめだ、と議論の競り合いが続きます。

身近では「飲酒の是非」などでは、個人の自由と、政府の規制などの対立軸が発生します。

先に example が足りない、という話をしましたが、実はその前提となる**「切り込み方」を知らない**、ということが大きいのかもしれません。どう論じるかも分からないで、example だけ挙げても仕方がないわけですから。

正解はない

ディベートをやっていると、肯定と否定の両方の視点に立つので、ものごとを複眼的に見る癖がつきます。内心は否定の立場でも、演台に立てば肯定の論を堂々と主張しなければなりません。

ディベートの勝者は、正しい者が勝つのではなく、正しそうに見えた者が勝つのです。

説得性というのは、正しそうに見えるように、データや論理を使うということです。

ディベートにはまる生徒たちは、そこのおもしろさにはまるのではないでしょうか。**ディベートにゲーム性がある**、というのは、そのことを指しています。

難民問題ひとつとっても、ひとつの国の中で世論が割れるわけですから、これが正解、というのはなくて、見解の違いを戦わせて、支持票を取り合っているようなものです。

相手のいうことが分かる、というのは、議論をするうえで、かなり重要な要素です。説得の手がかりは、相手の考え方のなかに（おそらく論点の弱さに）しかないからです。

(2)

日常会話のほうが苦手……という不思議

7000人参加の地方大会

2017年6月18～24日かけて、アメリカで行われた世界大会に古瀬菜々子部長（当時）が参加しました。彼女はほぼ会話力ゼロから始めて、2年ほどのトレーニングで、急成長を遂げた生徒のひとりです。

彼女は副部長を務めた呉とともに、埼玉県にあるごく普通の公立中学校を卒業し、国際関係に興味があるという理由でインターアクト部に入部してきました。決して特別な英語教育を受けてきた生徒ではありませんでしたが、ほぼ2年間の部活動で、即興のパーラメンタリー・ディベートを行ったり、日本代表として全米大会にもチャレンジできるまでに成長したのです。

彼女たちの成長の軌跡を見るにつけ、**人は自分の能力を過小評価すべきではない、**と痛感します。もし途中で諦めていたら、彼女たちの急速な進歩も、大会での勝利もなかったからです。

日曜日にアラバマ州バーミンガムに到着して、月曜日は試合の準備をし、火水木は毎日4試合という過密スケジュールでした。古瀬は6試合に出場しました。これはNSDA（National Speech & Debate Association）という組織が毎年開催している全米大会です。

ディベート部門とスピーチ部門があり、全米各州を勝ち抜いた合計約300チームが参加します。また、日本、中国、韓国、カナダ、インドの各招待国も国内予選を勝ち抜いたチームが参加していました。

これはそもそもアメリカの高校生のための全米大会です。練習を重ね、今回の論題に対して議論を練り上げ、各州で厳しい予選を勝ち上がってきたチームばかりです。約7千人の高校生が集う、まるで世界大会かと思うような規模に驚かされます。言語能力はもちろん、準備期間や論題に対する情報量などの面で、アメリカの高校生に相当なアドバンテージがあることはいうまでもありません。

2016年6月に日本の代表を決めるNFLJ（National Forensic League Japan：NFLは90年の歴史の、100万人の会員を抱える米国最大の青少年スピーチ・ディベート大会）があって、そこでベスト8までに入ると、この大会に出る権利を得られます。わが校もそのベスト8に入り、その他は立命館宇治（京都府宇治市）、洗足学園（神奈川県川崎市）、渋谷教育学園幕張（千葉市）、セントメリーズ・インターナショナルスクール（東京都世田谷区）などで、彼らと一緒に成田から飛び立ちました。

この全米大会に日本代表チームが参加するのは2回目で、市立浦和はその回が初めてでした。ディベート部門に参加したのは選抜メンバーである8名（4チーム）で、スピーチ部門には

2名が参加しました。

ディベートはパブリック・フォーラム・ディベートという方式です。その全米大会で出された論題は、次のようなものでした。

Resolved: In East Africa, the United States federal government should prioritize its counterterrorism efforts over its humanitarian assistance.
（米連邦政府は東アフリカにおいて、人道支援よりもテロ対策の努力を優先すべきである）

1勝2分けの成績

予選ラウンドと本選ラウンドがあり、本選に行けるチームを最初の2日間で決めます。それに洩れたチームが国際親善試合に出ます。本戦と同じく、親善試合でも順位をつけます。大きな大会だけあって、決勝戦になると、ジャッジが10人も居並びます。

古瀬のチームは予選6試合中、1試合を勝利し、2試合引き分け、3試合は負けでした。

試合は非常に厳しいもので、英語を日常的に話すような帰国生たちでも、1勝もできないほどでした。古瀬チームの1勝2引き分けは、日本代表4チームのなかでベストの成績でした。古瀬のチームパートナーは他県の生徒で、十分な練習ができなかったことを考えると、誇るべき結果だったと思います。

鍛え上げられたアメリカのディベーターたちに、たとえ1勝でも勝利することは並大抵なことではありません。事前に古瀬がいっていたのは、「英語力では相当差をつけられると思います。発想力、そして練習量で勝利を勝ちとる。それが、帰国生でもない私の戦い方です」ということでした。

相手と力量の差があるからこそ、きちんと戦略を立てることが必要です。自分たちの長所を活かし、相手の弱点を衝くことが勝利への道です。ネイティブの高校生と互角に戦えたことは、ある意味で戦略通りに戦えた結果といえるかもしれません。

フレンドリーな対応

日本のディベート大会にはピリピリした緊張感がありますが、全米大会は、日本と比べるとフレンドリーな印象を受けました。

ジャッジも「どこから来たの？」「来るの、大変だったでしょ？」と気軽に話しかけてきます。

試合が始まる前、アメリカのチームが対戦相手である私たちを探して優しく話しかけてくれました。「どこから来たの？」「学校はどういう学校なの？」などといった感じです。

私は彼らの振る舞いに、成熟したディベートの文化を感じました。相手に対して「礼儀正しく」「尊敬し合いながら」といったことが守られているのです。

日本では、ディベート自体がまだそれほど知られていませんし、**ディベートがコミュニケーションの手段としても有効**だとはさらに知られていないように思います。

聴衆の反応を見る

ディベートは、聴衆の反応も見ながら議論を進めます。たとえば、メモを取る人がいれば、どういうところでメモを取るのか。あるいは頷き方にも注意します。人は共感すると自然と頷きます。首をかしげているのは、マイナスの合図。そうした反応をよく見て、ディベートをする必要があるのですが、古瀬はそういうことに長(た)けていました。

彼女が単独で出場したのは、市立浦和のパートナーが辞退したからです。どうしようかと思っていたところ、渋谷幕張高校でも同様にひとり欠員が出たので、チームを組んだわけです(この大会は1チーム2人制)。渋谷幕張の生徒は帰国生で、ディベートの経験があり、しかも頑張り屋の生徒でしたので、古瀬と息が合って1勝を上げることができました。

審査員の好みを聞く

毎年大会テーマは変わるのですが、当日の全試合は統一テーマで行います。パブリック・フォーラム・ディベートでは、ジャッジ、つまり勝敗を決める審査員に大きな特徴があります。

このディベート大会では、事前に論題が発表されていることから、どのチームも議論の組み立てや、証拠資料の準備ができているので、試合に勝つために最も重要なのは、ジャッジの特徴を読み取ることです。

ジャッジ(審査員)は2人で、「パブリック・フォーラム・

ディベート」の「パブリック」からも分かるように、ジャッジが一般市民という想定です。

ディベーターたちは、細かく試合の準備を重ねるうちに、議論が専門的になってしまう傾向があります。しかし、このディベートでは、誰にでも分かるように議論をする必要があります。一般市民＝ジャッジがより説得力があると認めたサイドが勝者となります。

また、一般市民といってもそれぞれ経歴や興味、こだわりが違い、ひと括りにはできません。試合を始めるまえに、こちらから審査員に「どういう経験をお持ちで、どういうことを大事になさっていますか」「どういうディベートがお好きですか」などと聞くことができます。

パブリック・フォーラムでは、幅広い年齢の人や、性別、人種、職業などいろいろな方がジャッジをします。たとえば、年齢の高い人がジャッジの場合、より論点を明確に分かりやすくし、話し方も丁寧にする必要があり、反対に若い人がジャッジだと、テンポよく、より多くのデータに支えられた議論をしたほうが、印象がいいこともあります。

結局、ディベートの良否を判断するのはジャッジなので、聞き手を意識した対策はとても重要です。これもコミュニケーションの一部といえます。

試合のたびに審査委員が替わるのは、公平性を保つ工夫ではないでしょうか。

言葉以外の要素

アメリカ大会では、帰国生のいる他のチームでも、1勝を上げられなかったわけですが、言葉の流暢さのほかに、筋道を立てて話すとか、データに裏打ちされた論理性を持つとか、データの良し悪し、その並べ方、話す調子、笑顔……さまざまなものが加味されて、その人の言葉が説得力を持ってきます。

グッド・セールスマンは接客の態度、アフターフォローの誠実さなど、言葉以外の魅力も大きいといわれますが、それに通じるものがあります。よく、生徒たちに、「ディベートは、まさに実生活のコミュニケーションそのもの」と話します。

議論を交わすにしても会話をするにしても、相手を意識することが重要で、それこそがディベートと日常的なコミュニケーションの共通するところです。古瀬はそれを身をもって経験することができたのではないかと思います。

「カッコいいな」で入部する

古瀬の入部の動機は、入学前の学校説明会で、PR動画を見て、「カッコいいな」と思ったからだそうです。あと、学校のホームページを見て、かなり心を動かされた、といいます。わが部には、けっこう英語好きが集まりますが、ディベートはまったくの初心者ばかりです。

生徒たちがディベートにはまるのは、肯定否定の論拠を調べて、それぞれの主張の強さや、使用する英語表現、提示する証拠資料やデータによって勝敗が決まるからです。

試合が終わればすぐ結論が出ます。それが一種のゲーム、スポーツのような感覚で、生徒たちを惹きつけているようです。

テーマを立てて多面的に論じ合う習慣が身につけば、社会に出ても、きっと役に立つことでしょう。

急に伸びる生徒がいる

インターアクト部に入ってくる生徒で、中学の成績がそれほどでもないのに、急に伸びる生徒がいます。もともとコミュニケーションの力があったり、洋画が好きで見ているとか、ディベーターの素質としてはそういうことのほうがむしろ大切で、それらは中学校での5段階評価では表れにくいものです。かえって部活や英語ディベートではそういう点を評価します。

古瀬に家で何か英語に関連してやっているものがあるか聞いてみたところ、洋画や洋楽が好きなので、それらに触れている、とのことでした。大会前には「家でディベート文を読む練習をしたり、データを探したりします」といっていました。

残念なことに、すごくコミュニケーション能力が高く、ディベートも上手だけど、大学入試はうまくいかないという生徒がいます。いまの入試が、実際のコミュニケーション能力とは違う物差しで測られているからです。

グローバル化が進み、英語を使う機会がとても増えています。かつては商社に入るぐらいしかイメージがなかったのですが、だいぶ様変わりしました。

教育の世界も徐々にですが、変わろうとしています。**実践英**

語への流れは止めようがないでしょう。

英語を使う仕事に

インターアクト部には、将来、英語を使う仕事に就きたい、という理由で入部してくる生徒が多くなってきました。国際的な仕事をしたい、外資系の会社で働きたい、海外ボランティアに参加したい、と希望はいろいろです。

古瀬は「なんとか外資系企業で働けるだけの英語力は身についたのではないかと思います」といっています。即興的に話すことも、十分にできるようになりました。もちろん部活動に入っていない生徒との差は歴然としています。

のちに触れるように、部活動でのふだんの練習では、ひとつのトピックをめぐって、スピーチと質問、あるいは反論というセットを、お互いの立場を替えて行います。

普通の会話が難しい

古瀬はディベートのひとつの効用として、自分の意見をきちんといえるようになったことを挙げています。

「今回、相手のデータが間違っていたり、いっていることが、どう聞いてもおかしかったりすることがありました。『それは違います』と指摘しましたが、そんなことができるのもディベートで鍛えられたおかげかもしれません」

読者は意外かもしれませんが、古瀬が「いま足りないな」と思うのは、日常会話の能力です。ディベートの英語は論理の英語で、それにふさわしい話法があります。それに、話すテーマも与えられます。

「日常会話となると、漠然としすぎていて難しい。何も話題がなくて、ただ意味なく会話を続けるということは、部活ではやっていませんから」

と、彼女はいいます。

日常会話もある種のパターンがあり、それなりの目的があって話しているのですが、ディベートと比べると、行き先も分からずダラダラと話しているように感じられるかもしれません。

古瀬の意見は、ディベート経験者からよく聞く意見でもあります。

「アメリカに行くので、日常会話もできたほうがいいと思って、昼休みに友達とやってみたら、シーンとなってしまったんです。『えーっと……』とつまってしまいました。ふだん日本語で話をしている高校生の会話が英語でできないんです」

「相手が『今日のテストは難しかったね』といえば、テストの話をすればいいので、少しは楽なんですが、次第に『中でも数学は難しい』『それはこういう理由で』とまたディベートチックになったりします」

ふだん論理的な話し方に特化して練習していますから、日常会話に少し戸惑いがあるのでしょう。

しかし、**日常会話は、コツをつかめばすぐにできるでしょう。生徒たちは英語を話す回路はできていますし、聞くこともできているので、あとは慣れの問題**です。

ディベートより日常会話のほうが難しい、というのは、ある意味、ディベートの本質を衝いた言葉かもしれません。

ただ、これは、日本人は論理に弱い、ということのいい反証になります。筋道立てて説得性を持って話すのも訓練次第なのです。

古瀬の経験から、部活動でも一般会話の練習も加味するようになりました。それはこの後で出てくる生徒たちのインタビューでも触れられることと思います。

英語を聞き取りにくい理由とは

古瀬はアメリカの若者が話す英語のスピードにも驚いたようです。彼女が国際ディベート大会に参加したのは、この全米大会が初めてでしたので、海外の生の速い英語に触れたのも、それが初めてでした。しかし、事前に準備をしていたこともあり、試合ではなんとか聞こえていたようです。

私も 2011 年に生徒たちと初めて世界大会を経験したときは、スピードにたまげました。速さに慣れようとしているうちに大会が終わってしまった、という印象です。

ネイティブのディベーターたちはかなり省略しながら話すので、余計に速く感じます。それに、**口語表現を多用されると、聞き取れても、意味が分からない、**ということもあります。

口語表現というのは、たとえば How are you making out with your homework ? のようなものをいいます。「宿題はすすんでいる？」という意味ですが、make out with のようなフレーズを知らないと、ぱっと聞いただけでは意味が取れません。

あと、主語を省き、「Have been（あんた、そうしていたんだ）」「Enough said（よく分かったよ）」といったりすることがあるので、そういう言い方にも慣れておく必要があります。英語では主語を忘れないように、と習いますが、日常会話では省かれることも多いのです。

文法よりスピーキング

コミュニケーションやディベートでは、文法より「話す力」のほうが重要です。古瀬は次のようにいいます。

「アメリカの大会では、電子辞書で単語を調べる暇もありませんでした。結果、文法など気にせず、自分の知っている単語でどう伝えるかに集中したほうがいいと思いました」

ディベートや会話では、大学入試に出るような難しい構文は使いません。それよりは**自分の持ち駒である単語と簡単な構文をどう使うかがポイント**になってきます。

実践英語だけでは正しい英語が身につかない、という意見があります。「読めないと話せない」という言い方がされることもあります。

文法は学校で習ったもので十分で、しかも複雑なものは必要ありません。

正しい英語を話すことは大事ですが、それに縛られて、口から言葉が出てこないのでは、コミュニケーションになりません。

お店でコーヒーを頼むのに、Would you please give me a cup of coffee ? が出てこず、固まってしまったという人がいます。目的は「コーヒー」なので、Coffee, please. でいいのです。

読むことと話すことは、相互に補う部分があるとしても、本質的には異なったスキルです。**話せるようになるには、脳の中で「考えたこと」を「英語にし」、それを「口にする」回路をつくる**必要があります。私が部活で展開しているのは、そういう練習です。

市立浦和高校のカリキュラムでは、1年生では話すための授業、つまりコミュニケーションの時間があり、2年生では英語ディベートの時間がありますが、それぞれ週1回と限定です。

その他の授業では受験対策でどうしても「読み」が中心になります。より実践的な英語を使えるようになりたいという生徒がインターアクト部にやって来るのです。

(3)

ふだんの練習風景を生徒が語る

○⇔○
LOGIC

ソウル市での大会

2019年8月に韓国のディベート大会（ソウル市）に参加しました。わが校からは9名が参加し、他校の1名を加えて10名で5チームを結成しました。

主催は梨花女子大学で、Korea School Open 2019といいます。

試合を開始する15分前に論題が発表され、電子機器は使わず試合準備をする上級者向けの大会です。今回はアジア地区を中心に70チーム以上が参加しました。

わがチームのなかには、もう少しで決勝トーナメントに勝ち上がることができそうなところもありました。

その大会に参加した生徒たちに、そのときの様子や、ふだんどんな練習をしているか話をしてもらおうと思います。

荒木日向子のケース：2年生

●韓国大会でいい成績

韓国の大会は即興型のディベートにエントリーしました。参加国は韓国、中国、フィリピン、ベトナム、そして日本です。韓国は英語の勉強に力を入れている人が多いと聞きます。

ブリティッシュ・パーラメンタルという方式で、2人1チームが4つで試合をし、15分前に与えられた課題で1人7分ずつスピーチします。自分が賛成側で発言したとしても、反対側の意見が有力と見れば、主張を変えることができます。チームのもうひとりがクロージングで反対意見をまた7分展開します。このやりとりをジャッジが判定するわけです。

不思議な大会で、国名は伏せられ、カエルチームとか唐辛子チームとか命名します。ちなみに私たちはフィッシュチームでした。

6試合やって1位が2回、2位1回、3位1回、4位が2回でした。参加した全国のチームの中では一番成績がいいチームでした。ただ、参加72チームのうち順位は40位ぐらいでした。

●小さいときからスカイプ

私は小6のときに何か自分独自のものがほしいと思い、親に相談をしました。何の教科が好きかと聞かれたので、学校で週1でやっているALT（外国語指導助手）の授業が好きだと答えると、英語をやるようアドバイスされました。

それで1日25分、毎日スカイプで英語の会話を楽しんでいます。今までの総時間数は696時間超になります。私がよく話すのはフィリピン、アメリカ、イギリス、そして日本の人です。自分の好きな先生を選んでスケジュール表を見て予約をし、先生から連絡が入り、会話がスタートします。

話題のニュースをめぐってディスカッションしたり、季節のハロウィンとかクリスマスについて話をすることもあります。テキストがあって、そこに載っている話題を使うこともあります。

小6からもう5年間やっていますが、たいていの人は1年ぐらいで止めてしまうようです。最初は全然しゃべられなかったので、日本語のできる講師を選んでいました。半年ぐらいで、だいぶ慣れてきた感じがありました。

●インターアクト部の活動

入学前の説明会でインターアクト部が全国大会優勝3回という話が出ました。英語に興味があったので入部を決めました。

毎日、やっている基本練習は課題に合わせて1分間スピーチや3分間をスピーチをし、ペアの相手がそれを要約（summarise）し、意見をいう、というパターンの繰り返しです。

浜野先生のやり方は、改善点を直接、直していくやり方ではないかと思います。たとえば、会話につまずいて日本語で「あー」というのを防ぐために、決められた時間のなかで、ペアの相手が何回それをいったのか指摘するのです。

ほかのトレーニング法を紹介すると、まずジョブカードというのがあります。ひとりひとりに別々の仕事名が書かれたカードが渡され、先生から「10年後に残っている職業は？」と振られたら、自分の仕事が残るのか残らないのか意見をいうのです。

2人で制限時間5分で、相手のいったことを要約（summarize）して、反論（refute）します。また片方がそれを要約、反論し、時間が来れば、次の人と同じことを繰り返します。次の相手は違う仕事の人ですから、ディスカッションの中身が変わってきます。

あと、単語カードを100枚ぐらい渡されて、その単語名を伏せて、意味内容を英語でペアの相手に伝えて、単語を当ててもらう練習もあります。5分でどれくらいできるかをみる練習です。これは主に1年生がやるトレーニングです。

3ヵ月に1回ぐらい、写真を見てストーリーを作る練習もあります。こちらが作ったストーリーの続きを相手が考えます。話ができあがったら、次の人と交替です。

もうひとつ、絵の説明を英語でやって、その答えを絵に描かせて発表するのもあります。

CALLという教室にある文章の発音練習のソフトでは、5分間で星をいくつ取れるかというトレーニングをします。80点だと星がつくようになっています。60点以下だと、発音の悪いところの表示が出ます。これは5分間で3個以上星を取ることが推奨されています。

1日3時間の部活で、英語を話すのは1時間ぐらい。あとは調べごとなどで時間を使います。英文の資料も読むので、その力もつきます。

ディベートに出る問題はけっこう難しいものが多く、それに関連する単語も専門的なものが多いので、辞書で調べて単語帳に入れ込んでおきます。たとえば、安楽死はeuthanasia（ユースァネーシア）といい、関連語にはpalliative care（緩和ケア）、life expectancy（余命）などがあります。

覚えにくい単語、たとえばpriority,discrimination,fragileのようなものは、英文にして覚えるようにしています。Their arguments are like fragile.（彼らの論は明確ではないようだ）というように。その日覚えた単語はスカイプでも極力使うようにしています。

部の３人で絵本の翻訳コンテストにも応募しました。『If I was a banana』という本の翻訳ですが、きれいな日本語にする作業って難しくて楽しいものです。夏目漱石がI love you.を「月がきれいですね」と訳したというお話がありますが、今さらながらすごいなぁと感心します。

浜野先生は文法は授業で勉強、とおっしゃっていますが、私はそれでいいのではないかと考えています。文法は応用が利くので、知っておいたほうが得だと思います。先生は「文法は使うつもりで学びなさい」とおっしゃいます。高校の英語は中学の総復習のような授業です。そこに実践を加えるのが、インターアクト部の活動かな、と思います。

森下理帆のケース：2年生

●部に入りたくて受験

私はインターアクト部に入りたくて市立浦和を受けました。学校説明会のときに廊下の掲示物に世界大会出場、全国大会優勝の文字を見て、ここだ、と思いました。

小学校のときから英会話教室に通っていました。週１で、楽しく学ぶスタイルです。小さいときの夢はキャビンアテンダントになることでしたが、いまは英語を使って人の役に立つ仕事がしたいなと思っています。

部活動は毎日、基礎練習を重ね、ときに単語カードやジョブカード、英語の説明で絵を描かせる、ストーリー作りなどを組み合わせてやっています。

なかでもストーリー作りは難しいですが、発想が柔軟になる気がします。先日作ったのは、壁にたくさん絵がかかった部屋に男の人がいるという設定。壁の絵はPCから取ってきたものを利用します。すべてそれらの絵は、その男の人が趣味で描いたもの。あまりにも一杯になったので、売ろうと考える。ところが、ひとつだけあった人物画が心をもち始めて、夜に語りかけてくる、という話を作りました。ストーリー作りは時間に余裕があるときにやっています。

●世界のレベルを実感

韓国大会では世界のレベルを感じました。論の緻密さ、いろいろな状況を想定した内容の充実、その組み立て方。発音もいいし、言葉の選び方も違う。スピードも速いので、その分、内容をつめることができます。

私のチームは２位、３位、４位を２回ずつという成績でした。論題は、インターネットを使うときに個人情報を使うのがいいかどうか、義務投票制は是か非か、LGBTQをビジネスに利用するのは是か非か、といったものでした。

韓国に行くと決まってから、即興型の練習を積み重ねました。部の人数も多いので、試合をいくつも組むことができます。いろいろな課題をやっているうちに、調べごとも一緒にしていくので、自然と知識が増えていく感じがあります。

資料は英語でも読んでおかないと、関連の単語が使えません。たくさん読んでいるうちに英文にも慣れてきます。たとえば政教分離がテーマの場合、日本になじみがない問題なので、どういう背景があって、世界ではどこで問題が起きていて、そのポイントは何か、といったことを調べていくことになります。BBCのサイトで関連記事を見たりもします。

その日にやった課題に関しては、ノートやワードに整理して保存をしておきます。

●中学文法で

部活動では文法に関しては基本的にやりません。中学の文法で十分、という考え方のようです。

とにかく論を組み立て、内容を考え、全体のまとまりをつけて話すことを心がけています。

基礎練習で少しずつ時間を延ばして、負荷をかけていくやり方はすごく身になっていると思います。ひとりが意見をいい、相手がそれをまとめ、自分の意見を加えて反論する。それを1分でやったり3分でやったりするわけです。

試合が近づくと、1年生の相手を2年生がやり、ジャッジも2年生が買って出ています。

私は将来、英語を使う仕事に就きたい、と思っています。

浜野綾音のケース：2 年生

●目標がはっきりしている

私は小学校のときに公文（くもん）で英語の物語を読むのが好きで、そのあたりから英語好きが始まっています。

中学は市立浦和の一貫校です。インターアクト部からディベート大会出場の話があって、仲間 4 人と参加し、なんと優勝しました。

バスケットも好きだったのですが、ディベートのほうが競技人口が少なく、より上を目指しやすい、目標もはっきりしている、ということでディベートに進みました。

部活では英語ですぐにいえる練習を重ねています。好きなのはジョブカードという練習で、たとえば作家とアスリートの対決で、「どっちが AI に負けるか」というテーマで論を交わし合います。相手の意図をつかんだうえで、こちらの意見を有効に展開しなくてはなりません。

これはややレベルが高いこともあって、1 年生は初めの頃はやらない練習です。話す時間を延ばすほど、いうことが増えて、難しくなります。

CALL はすごくいいセンテンス発音練習ソフトだと思います。家でもやりたかったのですが、あれは学校内限定のソフトなんですね。80 点ならその一文はクリアということです。

● CNN が実践的

家では週 1 で届く「TIMES」を読んでいます。韓国の大会でLGBTQ絡みの問題が出たのですが、同誌でLGBTQ関連の記事を読んでいたので、大変助かりました。

CNNのリスニングは授業でやります。BBCはスマホでチェックをしています。

部活動では文法をあまり意識したことがありません。それよりも、対戦相手に帰国子女などがいて、彼らの使う単語がときに分からないときがあり、そういう専門性の高い言葉も自分で調べて覚えるようにしています。

韓国の大会で感じたのは、そのスピードの速さですね。それと、濁ったりなまったりで、教科書的なきれいな発音は少ないということです。

そういう意味ではBBCよりCNNのほうが発音が濁ったり、スピードも速い気がします。実践的なのはCNNの英語のほうかもしれません。洋画を見るのも、英語字幕で見るのがいいと思います。

高校２年で英検１級！

生徒３人の話に出てきたストーリー作り、ジョブカード、単語当ては、じつは世界大会を経験するなかで、日常会話も一緒に進めたほうがいいと気づき、始めたものです。

単語当てはディベート対策のつもりだったのですが、やっているうちに一般会話にも応用できることに気づきました。

ディベートの場で、相手から「分かりやすく説明してください」と尋ねられる機会が多く、そのたびに言葉につまってしまうシーンが多かったのです。その対策のために、**意味を説明して単語を答えさせるという方法**を思いつきました。

ストーリー作りも、要約、反論という基本練習の変化形みたいなもので、ちょっと視点をずらせば、一般会話にも使えることが分かってきました。

最近、始めたのが**ノートピック**という練習です。話題はなんでもよく、その場で自分で思いついたことを相手に話すのです。相手も、それを普通の会話で返す。お互いにそれを３分間でやるのですが、これも一般会話のための補充練習です。

浜野綾音は2020年、英検１級の資格を取りました。いまインターアクト部で行っている方法で、帰国生でもなく、部活動を中心の学習だけで、**高校２年生で英検１級が取れる**ということが分かってきました。

こういう生徒が毎年１名程度は現れ、他の**ほとんどの生徒も準１級を取れる**ようになってきたのも、インターアクト部での練習の成果のひとつかなと考えています。

(4) ディベートの実際のやり方

LOGIC

パブリック・フォーラム・ディベート

●ジャッジが一般市民という設定

先に触れたパブリック・フォーラム・ディベートは、次のような仕組みで行います。日本予選のNFLJを勝ち抜いてアメリカの本大会に出るわけですが、NFLJは帰国生主体のチームやインターナショナル・スクールのチームなどが参加するレベルの高い大会です。

これは2人制のディベートです。

■パブリック・フォーラム・ディベート

第1スピーカー	A1	4分
	B1	4分
質問	A1 — B1	3分
第2スピーカー	A2	4分

	B2	4分
質問	A2 — B2	3分
サマリー	A1	2分
	B1	2分
質問	全員で行う	3分
最終焦点	A2	2分
	B2	2分

※各チーム2分の準備時間がある

Aチーム2人とBチーム2人が討論をするかたちで進行します。最初に第1スピーカーであるA1が論題について肯定の理由を話し、次に相手のB1が否定の論拠を提示します。

第2スピーカーは論拠を示して、第1スピーカーの主張を裏づけます。サマリーは論点整理で、最終焦点は「なぜわれわれサイドのほうが有利か」という点を強調します。

あらかじめ論題が知らされる準備型のディベートなので、きちんと準備しておけば、何番手のスピーカーであろうと、たいていの議論に対応が可能です。それでも、規定の主張をする1番手より、相手に応じて議論を組み立てなければならない2番手のほうが難しいのは確かです。

アカデミック・ディベート

●初心者向けは証拠重視

いま高校生が一番よく取り組んでいるポピュラーなディベートが、アカデミック・ディベートで、アメリカから来たスタイルです。

日本では、全国高校生英語ディベート連盟により15年ほど前から始められたHEnDAと呼ばれるディベート形式で、県大会の代表校が全国大会に出られる権利を有します。

初心者向けで、4人が1チームとなってやるものです。

論題は数ヵ月前に発表されます。

■アカデミック・ディベート

肯定側立論	A1			4分
準備時間				1分
質疑応答	A1	←	B4	2分
否定側立論	B1			4分
準備時間				1分
質疑応答	A4	→	B1	2分
準備時間				2分
否定側アタック	B2			3分
質疑応答	A3	→	B2	2分
肯定側アタック	A2			3分
質疑応答	A2	←	B3	2分
準備時間				2分
肯定側ディフェンス	A3			3分
否定側ディフェンス	B3			3分
準備時間				2分
肯定側サマリー	A4			3分
否定側サマリー	B4			3分

なぜ初心者向きかというと、チーム内でアタック役とディフェンス役が明確に分かれているからです。先に紹介したパブリック・フォーラムはいってみれば自由型で、ひとりで攻めと守りのスピーチをしないといけないので、難易度が高いのです。

審査員も専門的な人という前提です。

これは、政策課題を国会議員が判断するという想定のディベートです。だから、かなり緻密な数字や根拠に基づいて、きちんと議論をする必要があるのです。

エビデンスに基づいて、論理がきちんと組み立てられているかどうか――そこが応酬のポイントになります。

パーラメンタリー・ディベート

● 20分前にトピックが分かる

もうひとつポピュラーなのが、パーラメンタリー・ディベートです。その仕組みは、以下のようになります。

■パーラメンタリー・ディベート

首相スピーチ	A1	5分
野党党首スピーチ	B1	5分
政府側スピーチ	A2	5分
野党側スピーチ	B2	5分
野党党首スピーチ	B1	4分
首相スピーチ	A1	4分

パーラメンタリー・ディベートは即興型の英語ディベートで、さまざまな種類があります。上記は1チーム2人になっていますが、世界大会では3人制もあります。スピーチ時間も5分、7分、8分などさまざまです。

このディベートは、**与党と野党による国会論戦という設定**です。最大の特徴は、試合が始まる20分前（これは国内のケースで、世界大会になると1時間の準備時間が与えられます）に論題を出されることです。審査員は一般市民という想定ですが、実際はパーラメンタリー・ディベートの経験者がジャッジになっています。

即興的にディベートし、かつ論題がユニークなので、とても力のつくディベート方式です。

最初、われわれ英語教員は誰もパーラメンタリーは高校生には無理だと思っていました。それが9年前に本格的に導入されると、徐々に高校生でもやればできることが分かってきました。

WSDCは見映えも評価

同じ即興型ですが、われわれが出場した世界大会WSDC（World Students Debating Championships）とパーラメンタリーでは、勝ち負けの評価法が違います。パーラメンタリーは主に議論の中身（matter）で勝敗を決めます。発音やパフォーマンスのよさは直接関係ありません。

一方、WSDCはmatter（中身）とともにmannerも評価基準に入って来ます。mannerとはカッコよさ、いわば見た目です。

見た目のなかには、身振り、手振り、発音のクリアさ、言い回しのよさなどが含まれます。

WSDCのほうが複雑な評価の仕方をするということです。「ディベート大会＋スピーチコンテスト」という感じです。

WSDCの大会に出るときには、生徒たちにきちんと身振り、手振りなど、どうすればカッコよく見えるか教えます。大統領選などで有力候補がスピーチをする様子をイメージして、「堂々と」などと指導しています。

3章

ひたすら「話す回路」を作るトレーニング

時間設定でレベルを徐々に上げていく

具体的なトレーニング方法

ここでは、インタ―アクト部で実際に行っているトレーニング方法について解説していきましょう。

ふだんのトレーニング①――
センテンスの発音練習（毎日５分〜10分）

⇩

ふだんのトレーニング②――――
ペアで会話

⇩

ふだんのトレーニング③――――
座っていた人が質問をする

⇩

ふだんのトレーニング④――――
ペア練習の実際例

⇩

ふだんのトレーニング⑤――――
どんどんレベルを上げる

⇩

ふだんのトレーニング⑥――――
反論をくり出す

⇩

ふだんのトレーニング⑦――――
1年で262時間のスピーキング量

ふだんのトレーニング①——センテンスの発音練習（毎日５分～10分）

センテンスを発音する

インターアクト部は毎日、ほかの部活動と同じく数時間のトレーニングをしています。

その練習の冒頭に行うのが、発音の練習です。コンピュータに組み込まれたソフトを使って、単語レベルではなく、センテンスレベルの発音練習をしています。

パソコンの画面上に順番にセンテンスが出てくるようになっているので、それを読んで発音のチェックをします。

わが校は英語ディベート大会に出るようになってしばらくは、「英語の発音が悪い。英語が下手」という評価を引きずっていました。それを挽回したのが、学校へのコンピュータ導入時にすでに組み込まれていた**コールシステム**という英語教材ソフトです。内田洋行が作成した英語支援システムです。このソフトは学校用に作られたもので、市販はされていません。

いま学校にコール教室という呼び名の部屋があれば、このシステムが入ったコンピュータがあるはずです。コールは、コンピュータ・アシスティッド・ランゲージ・ラボラトリー（CALL：Computer Assisted Language Laboratory）の略です。

この発音ソフトがあることは知っていましたが、市立浦和では誰も使っていませんでしたので、私も授業で使わずにいました。

必要に迫られて部活動で使ってみようと思い、生徒たちにやらせてみたところ、意外に彼らの反応がよかったので、トレーニングのひとつとして導入しました。

センテンス例

センテンス数はおそらく1000以上は入っていると思います。その例文の一部を挙げておきましょう。レッスン1からレッスン20まであって、数字が増えるほど複雑なセンテンスになります。

定番の表現を1000覚えて、口にできるようになるだけでも、相当の実力がつきます。

一般の人がコールと同じことをやろうとしたら、ネットから自分に合った音声認識ソフトをダウンロードするのも一案です。「英語　音声認識アプリ」と入れれば、いくつか候補が出てきます。いまはさまざまなソフトがありますから、自分がこれだと思うものを探してみてはいかがでしょう。

あるソフトにはAre you the same ? の例文があって、それをクリアするのに20回かかったという人がいます。ちゃんと発音しないと、クリアできないのです。

全体の強弱が悪いのか、theとsameの続き具合に難があるのか、sameの発音に問題があるのかといろいろ工夫しながら発音しているうちに、その構文を覚えてしまうメリットがあります（うんざりするという逆効果もありますが……）。

以下に挙げたコールの例文はどれも簡単なものです。しかし、ちゃんと発音できるかは、別の話です。

iPhone（siri）やAndoroid（mia）のスマートフォンに標準搭載されている音声認識ソフトを使って、英語で検索をかけて、正しく通じるか試す方法もあります。これだと、自分で例文を用意する必要があります。

では、コールの例文を挙げていきましょう。

レッスン1

1. I got up early every morning.
2. Go home before it gets dark.
3. Please take your shoes off.
4. My shoes are too tight.
5. This shirt fits me very well.

レッスン2

1. Do you have a larger size ?
2. Thank you very much for your help.
3. She is wearing a nice purple dress.
4. I put on my favorite sweater today.
5. Go straight and turn right at the next.

レッスン3

1. My class begins at eight thirty.
2. My son is doing his homework now.
3. Will you help me with my homework ?
4. Today was the last day of school.
5. It is very important to read good books.

レッスン4

1. My boys are practicing volleyball in the gym.
2. I lent Peter my notebook.
3. I am halfway finished with my homework.
4. Students must comply with all schools.
   （生徒はどんな学校でも適応すべきである）
5. His incredible skills in basketball made him very popular in school.

レッスン5

1. Please behave yourself.（行儀よくしてください）
2. May I have a cup of tea ?
3. How would you like your steak ?（肉はどんな焼き方がいいですか）
4. What kind of pie do you like to eat ?
5. The waiter brought us our food.

レッスン6

1. The meal there was terrible.（あそこの食事はひどい）
2. Who is the manager of this restaurant ?
3. The total for dinner is for the three of us.
4. Which restaurant is your favorite ?
5. The restaurant offers a good variety of foods.

レッスン7

1. My hobby is reading books.
2. It's a great day to go on a picnic.
3. He did a magic trick at the party.
4. We are going on a picture on Thursday.
   （火曜に映画に行く）
5. Shall we go to see a movie tonight ?

レッスン8

1. What is your plan of the weekend ?
2. The girl gathered shells at the beach.
3. He enjoyed dancing and singing at the party.
4. The mother read the tale to her child.
5. I rode an elephant in the jungle.

レッスン9

1. I want to travel to Europe.
2. He wanted to go to France to study art.
3. I am eager to travel abroad.
4. I want to travel around the world someday.
5. The little boy is looking for his mother.

レッスン10

1. This bus will take you to the airport.
2. I took an international flight to Korea.
3. Fasten your seat belts.

4. Could you explain how to get there ?

5. I've never been abroad before.

レッスン 11

1. He kicked the ball with his left foot.

2. I like to watch a baseball game on television.

3. I enjoy playing golf with my friends on the weekend.

4. Fishing is more fun than playing tennis.

5. The second place runner got a silver medal.
   (2 位の走者が銀メダルを獲った)

レッスン 12

1. I injured my foot when I was jogging.

2. The tennis court is beyond the playground.
   (テニスコートは遊び場の向こうです)

3. Row the boat across the pond.

4. Our team got three points in the second.
   (わがチームは第 2 ゲームで 3 点を取った)

5. The score of the soccer game was five to three.

レッスン 13

1. She decided to go to her friend's birthday.

2. She is holding her daughter in her arms.

3. I want to show you a picture of my family.

4. Clean your room as quickly as possible.

5. This dress is made from an expensive cloth.

レッスン 14

1. This designer is popular with teenagers.
2. She looks better in the plain dress.
   （彼女は質素な感じの服のほうが似合う）
3. My sister always wears a golden ring on her little finger.
4. The heels of my shoes are wearing down.
   （私の靴の踵がすり減っている）
5. Everyone thought she looked like a princess.

レッスン 15

1. The traffic light turned yellow.
2. I would like to work in the fashion industry.
3. My daddy plays with me every day after he comes home.
4. I got a part-time job in a factory.
5. How many days do you have to work there ?

レッスン 16

1. They had to finish their work by five o'clock.
2. Young people wear their jeans below their belly buttons.
   （若者はへそ下までのジーンズを穿(は)いている）
3. That dress which costs five thousand yen is a real bargain.
4. She was wearing a loose-fitting sweater on top of her shirt.
5. Black cloths are effective in protecting your skin from

the sun's ultraviolet rays.

レッスン 17

1. He is on vacation in England.
2. The child flew his kite during the windy day.
3. Many people enjoyed the warm sunshine.
4. Will you show them the pictures that you took in Paris ?
5. The magician made the woman disappear during the magic show.

レッスン 18

1. Shopping on Sundays is difficult because the stores are very crowed.
2. Our children like to explore the forest behind our house.
3. Children like to pretend that they are animals when they play.
(子どもは動物のふりして遊ぶのが好きだ)
4. We held a party to celebrate his sixty-fifth birthday.
5. We will give a prize to the hundredth person to enter the amusement park.

レッスン 19

1. You can see a beautiful view from the window.
2. I'll see you in front of the restaurant at noon.
3. Living in Spain was a wonderful experience.
4. We visited some old temples in Kyoto last week.

5. Greece is in the southern part of Europe.

レッスン 20

1. Will you show me a map of this city ?
2. We approached the island by boat.
3. We occupied a small room on the third floor of the hotel.
4. On the airport shuttle, you can go to the airport directly from Osaka.
5. My legs feel like lead.（脚が鉛のようだ）

実際の練習方法

コールを使った実際のやり方を説明していきましょう。まずヘッドフォンをして、マイクに向かって画面に出ているセンテンスを読みます。良否は５つ星で表示されます。５つ星だと発音はほぼ完璧ということで、星が４つ、３つ……と少なくなるほどに、できが悪かったということになります。

このソフトは発音が悪かったところを、ここが悪かったと指摘してくれる優れものです。

日本人の発音でありがちなのは、たとえば、「彼女は」というのは「she」で、発音は【ʃi; シー】ですが、それを【si: スイー】とやると「sea 海」になってしまいます。

いまは**電子辞書**や**ネット辞書 weblio** などで単語を引けば、単語の発音を聞くことができるので、それを利用して確かめておくといいでしょう。

あるいは、「考える」の「think」と「沈む」の「sink」。「私は考えます I think」といったつもりが、「私は沈みます I sink」となってしまったら、【think: θ íŋk】というべきところを【sink:síŋk】といってしまったわけです。

実際に外国人が発音するところを見ると、think の場合、舌先が見えるくらいの発音の仕方をしています。ノンネイティブのなかにはティンクと発音する人がいますが、これだとシンク（sink）との区別がつきますが、コールの門をくぐることはできません。

区別の難しい代表選手が L と R です。有名なのが lice（しらみ）と rice（コメ）ですが、発音の練習ソフトで遊ぶようなつもりで、2 つの違いを試してみたらいかがでしょう。よくいわれるのが、r の場合には頭にウをつけるようなつもりで発音すると、舌が後ろに丸くなるので、それらしい発音になるということです。

センテンスの発音練習は、1 日 5 分から 10 分程度。意外と短いので、驚かれたのではないでしょうか。

早い生徒はその間に 10 センテンスぐらいは済ませ、5 つ星を取ります。しかし、早ければいいという練習ではなく、発音を確実にするものなので、遅い生徒はゆっくりとやればいいのです。焦らずその人のペースでやることが大切です。

どんどん先に進める生徒は進んで、全部終わったら、1 からやり直したりします。2 年かけてやるので、生徒たちは全体を何度もくり返すことになります。

レベルが上がるほどに、発音が難しくなってきます。レベル 20 ぐらいになると、クリアするのは相当難しくなります。

センテンス練習は長くて10分

私はセンテンスの発音練習は長くやるものではないと思っています。経験から導き出した結論です。というのは、生徒がおもしろがるので、30分に延ばしてみたところ、集中度がガクンと落ちたのです。つまり、飽きがきてしまって、逆効果ということです。

コンピュータの画面に向かってやる機械的な練習なので、飽きがくるのが早いのかもしれません。よって毎日のトレーニングでは5分から10分程度にしています。生徒たちには10分でも長いように見受けられます。

短時間で毎日飽きずに続けることがコツ。ビジネスパーソンで、もうちょっと長くやっても大丈夫という方は、自分の楽しくやれる範囲内でやればいいでしょう。1日当たりの練習は短くとも、毎日くり返すことが大切なのです。

これは難易度の順にクリアしていってもいいですし、スキップして、自分のやりたいレベルをやってもかまいません。順番にクリアしないと次に行けないというものではありません。その人の気分次第、あるいはやる気次第ということです。

進み具合は自分で組み立てて、やりたければレベル1を何度やってもいいし、7割しかできていないけれど次のレベル2に進むというのでもいいでしょう。

このトレーニング法を取り入れてから、他校からも「発音がうまいね」とほめられるようになりました。

第5回全国大会で優勝した生徒たちは、世界大会に行く前に、コールを使って練習を重ねました。発音にしろイントネーションにしろ、日本人に伝えるレベルから世界の人々に伝えるレベルにしなければ、と意識しはじめたころです。

ふだんのトレーニング②——ペアで会話

ペアでの基礎練習——脳と口を結びつける

次はペアで英語を話す基礎練習です。野球のキャッチボールがヒントだったことは、先に記しました。

この話す練習は、リーディングの「読む練習」とは違います。よく「英文を読むことで話す力を伸ばそう」という人がいますが、それだと「話す」ではなく「読み」にウェイトがかかってしまいます。

リーディングとスピーキングをきちんと切り離して練習する必要があります。

この練習で狙うのは、頭のなかで考えたことを口に出すということです。**「考える→話す」という回路を脳のなかに作る**といってもいいでしょう。

私は**「脳と口を結びつける」**といっています。結局、話すということは、「考えたこと」を「口で表現する」ということです。どちらが欠けても成り立たないのが、話すという行為です。

脳の神経は使うほどに太くなるといいます。

「なにか食べたいな」と考えたら、すぐに「I want to eat

something.」が出るように、練習で脳の回路を太くして流れをよくしておく必要があります。

基本として押さえたいのは、「英語を見ない、英語を読まない」No seeing English, no reading English. です。

ブレーン・ストーミング

まずは生徒にトピックを与えて、そのトピックのもとにペアでどういうことを話すか、ブレーン・ストーミングをさせます。

これをクラスでやる場合は、ホワイトボードにみんなの意見を書き出すようにします。

たとえば、「ファストフード」というテーマが与えられたときに、ただファストフードがおいしいとかおいしくないではなくて、それをディベート的に扱って、どういう議論ができるかブレーン・ストーミングをします。

ファストフードでいわれるのは、ジャンク性であったり、栄養面で疑問符がつくことや、強い習慣性があることです。それを食習慣にするのは是か非か、というのをテーマにしよう、とブレーン・ストーミングで決めるのです。

お互いにそこで出たキーワードをメモします。「ジャンク junk」とか「栄養 nutrition」「強い習慣性 addicted」などです。

そのあとに時間を 5 分くらいとって、「AREA（エリア）」のフォーマットに従って、何を話すか組み立てを考えます。

具体的に、**主張、理由、例証、主張**のそれぞれに必要な単語をメモ用紙に書き留めます。慣れないうちはセンテンスの形で書いてもいいですが、次第に必要な単語だけを書き留めるようにします。そのメモを見ながらスピーチをするのが、リーディングに陥らないコツです。

聞きながらメモを取る

メモの時間が終わったところで、いっせいにペアごとに30秒のスピーチ（主張）をします。私が、「今回は30秒です」と指定します。

スピーチする生徒が立って、聞き取りをする生徒は座ってメモを取ります。なぜスピーチするときに立たせるかというと、スピーチは立ってすることが多いことと、座っている聴衆にスピーチをする、その目線の高さに慣れてもらう必要があるからです。

こういう細かい点が実践では意外と大切です。ディベートという慣れないものに生徒たちを馴染ませるには、工夫が必要です。そのひとつがこの“片方座り”です。

さらに**「聞きながらメモを取る」**というのも、英語が上達するコツのひとつ。たとえば、英語のドラマを観ても、TED（Technology Entertainment Design ）のビデオを観ても、聞こえた単語をメモるのです。

それだけでも、だいぶリスニング力と理解力がつきます。Netflix や Hulu、TED などには、英語字幕入りのものがありますから、自分が聞き取ったものを確認することもできます。

いいメモの取り方

いいメモの条件は、それを基に聞いた話を再構成、再構築できるものです。

まじめに一字一句逃すまいと、必死にメモを取る人がいますが、そういう細かい聞き取り（ディクテーション）の技術はディベートや日常会話のトレーニングなどでは必要のないものです。

ディクテーション自体はリスニングによいトレーニングだとは思うのですが、実際の会話は１回きり、その場限りで、くり返し再生されることがありません。

だから、ディクテーション的な能力を磨いても、ディベートや会話に強くなれるとは考えにくのです。それよりも、たくさん**生の英語に触れて、感度を磨いていく**ほうがいい、と私は考えています。

ふだんのトレーニング③——座っていた人が質問をする

スピーチと質問の型を覚える

30 秒のスピーチで忘れてはいけないのは、時間を余しても、そこで終わりにせず、何か新しいことを話すか、まえの議論のくり返しでもいいので、**時間枠を使い切る**ことです。

これはディベートに特化した方法論ですが、一般への応用も可能だと考えています。

ディベートではそれぞれの話者に規定の時間が割り振られています。つねに制限時間を意識させるために、最後まで持ち時間を使い切らせるのです。

7分の時間があって、5分で終わるようでは、中身がないように見えます。与えられた時間を使い切ってなお、余裕があるように見せるのがポイントを上げるコツです。

一般の場合、時間に急かされて話をする機会は、そうないかもしれませんが、**時間を限られると、中身の濃い話をしようとする**ものです。

冠婚葬祭ではスピーチは3分といわれますが、それ以上になると話が水増しになり、印象が薄くなることを戒めた数字だろうと思います。

それに時間が余りそうになると、何か新規の予想外のアイデアが浮かんだりします。"火事場の馬鹿力"効果です。

立って質問する

最初のスピーチが終わると、座ってメモを取っていた人も立たせます。

「はい、スピーチ終わり。座っていた人はみんな立って」

これで、ペアは立って対面することになります。次に、

「質問をして相手が答えてくれたら座ってね」

と指示を出します。

質問者には時間の制限はありません。30秒のスピーチに対

して聞けることは限られていますから、時間の設定は要らないのです。

お互いが立って正対するのは、少し緊張感を持たせて、トレーニングにアクセントをつけるためです。単調に推移すると、スピーチや質問の質に影響してきます。

質問者はメモを見ながら、「You said……」と切り出して、ひとつだけ質問をします。

この **you said というのは使える表現で、「あなたは……といったけど、私は……と思うんだ」といいたいときに利用できます。**

これでディベートの型、パターンを覚えるわけです。

自分の主張のときは、I think といって中身を展開し、because と理由づけするのが、ひとつのパターンです。

相手に質問するのに、「Why ?」を使う方法もあります。「Why do you ～ ?」と聞けばいいのですが、疑問文を作るのがやや難しい生徒には、「You said……」といってから最後に why ? をつける言い方もある、と教えます。

反復質問

最初の段階では、相手のいったことの隙(すき)を衝くとか、弱点を指摘するとか考えないで、聞き取れたことで質問するようにします。

1 年生の段階では、聞き取れたものを何かひとつ、「You said ～ . Why ?」と質問すればいいと教えます。

たとえば、最初の話者が「ディズニーランドに行った」と話したとしたら、「あなたはディズニーランドに行ったと話しましたが、なぜですか」といえばいいのです。

You said you went to Tokyo Disneyland. Why ?

Why did you go to Tokyo Disneyland ?

とにかく話す型を定着させるための練習なので、聞き取れた範囲の質問でかまいません。

最初から完璧を求めるよりは、まずはできるレベルからやってみよう、というところから始め、ハードルを上げすぎないことが重要です。

質問上手は会話上手

会話は質問によって活性化します。相手がなにかいいたいことがあって話し出す。そのまま黙っていれば、それで終わりですが、的確な質問をすると、相手が勢いを得て、関連した別のことを話しはじめます。

ですから、**英会話の基礎としては、疑問のセンテンスを覚えるのが第一**です。いわゆる5W 1Hで、**what**や**which**、**where**、**who**、**when**に**how**さえあれば、会話を転がすことができます。

たとえば、こんな具合。

How were you these days ?

Not so well.

What happened ?

I quarreled with my wife.

Why did you do to make her angry ?

I drank so much last night with some guys.

With whom ?

John, Geroge, Lingo.

Where did you have such a crazy party ?

At John's house.

Through the night ?

Oh, yes. I don't want to remember it.

You have just one choice. Apologize to your wife as soon as possible.

I know it.

When are you going to apologize ?

I call her soon.

Good luck to you. Hopefully, she will forgive you.

中身の濃い練習

スピーチをして、それにひとつの質問を返す――ごく単純な練習ですが、じつはすごく中身が濃いのです。

「You said」というのは、相手のいったことのサマリー（要約）になります。これがとても大切で、「You said」をやらないで、ただ「Why ?」だけだと、この練習の意図の半分も満たしていないことになります。

相手のいったことを正確に聞き取り、その中身を要約して表現する作業で英語の力がつくのです。**「耳と思考と口」**の訓練が入っているからです。

聞いて、理解して、口に出して質問をする——これはコミュニケーション上手になるコツのひとつです。

相手のいうことをくり返すのは、カウンセラー技術の初歩だともいいます。

オウム返しではなく、次第に相手のいったことを自分の言葉に置き換えられるようになれば進歩した証拠です。相手のいったことの言い換えが、高等コミュニケーションの秘訣なのです。

たとえば、「私はスピーチが苦手で」「"巧言令色鮮(すく)なし仁"の諺もありますからね（言葉だけきれいでも、心がこもっていなければ、ね）」といった具合です。

最初から高いレベルを求めてはいけません。

くり返しになりますが、**聞き取れた単語から、おそらくこういう話だろうと推測する程度**でいいのです。

攻守を入れ替える

主張、質問が終わると、今度は攻守を替えて、質問者がスピーカーに代わり、30秒のスピーチします。

先のスピーカーと同じようなことを話してもいいですし、まったく逆のことを主張してもかまいません。それを座った聞き手が同じようにメモを取りながら聞くわけです。

それが終わるとまた、メモを取っていた生徒も立ち上がって質問をします。

40秒のスピーチにする

このペアでのワンセットが終わると、次はペア替えのために、片方の人が席をひとつずつずれていきます。そのずれたペアでまた同じことをくり返します。

ただ、先にスピーチを30秒でやったとしたら、今度は40秒にします。時間が延びたので、スピーチの中身を増やす必要があります。同じテーマでも、工夫が要ることになります。

まえにスピーカーとしてファストフード性善説に立った人が、反対の性悪説に立ってもかまいません。ただ、その場合も、**簡単なメモをもとに話すことを忘れない**ことです。

几帳面にメモを取ると、それに気を取られて、スピーチがおろそかになります。私の狙いは、文字に頼らないで、とにかく**「考えたものを英語で出す」という直接的な回路を脳に作る**ことです。

そういう意味では、2回目もなるべく前と同じ趣旨のスピーチをしたほうがいいでしょう。

私は、「今度は少しメモから目を離してやりましょう」といいます。

それでも個人差があって、まったく見ないでやれる生徒もいれば、かなりちらちらと見る生徒もいます。個人差はありますから、それは仕方がありません。

3回目も同じく位置移動で人を交替します。

秒数を延ばすこともありますし、そのまま40秒のときもあります。3回目なので、メモはほとんど見ないようにします。

「思考→口」という本来の目的に徐々に近づけていくわけです。

多くの高校生の場合は、この3回目になると、ほとんどメモを見なくてもスピーチができるようになります。

ペアを替える利点

なぜペアを替えるかというと、気持ちをリフレッシュする意味もありますが、違う人にも話が通じるか確かめることを目的にしています。前と違う質問をされても、きちんと答えられるか、ということもあります。

交替した相手から別の質問をされることで、暗記して話すのではなく、頭で理解して話す回路がさらにできていきます。

同じようなスピーチをしたとしても、相手を替えると違った理解のされ方や反応があり、これがもってこいの会話の練習となります。

いろいろな人とやると、想定外の意見にぶつかります。

Aさんは同意してくれたけど、Bさんには反対された。Cさんには違うように理解された、という具合に。

これでどんどん生徒たちの即応力、対応力が伸びていくのです。

基本的には同じことを2回、3回とくり返します。

場合によっては4回ということもありますが、それは初心者の場合です。

1年生と2年生で組む

ペアは基本的に2年生と1年生で組みます。

なにかモデルがあることが重要です。1年先輩の経験者からフィードバックをもらえると、とてもためになるからです。

1年生が育つまでは、2年生が付き合って、いいモデルを見せるわけです。

どちらかがうまいと、片方が引っ張られて、レベルが上がります。

つねにいい見本とやっていると、自然とそうやるものだと思い、スピーチのいいイメージが頭の中に入っていくのです。また、目標が目の前にいますから、自分が足りない部分がきちんと見えてきます。

1年生同士のペアだと、下手同士なのに「なんか自分のほうがうまいや」と思ってしまう生徒も出てくるかもしれません。それを避ける意味でも、2年生と1年生の組み合わせにしています。

ふだんのトレーニング④——ペア練習の実際例

ペア練習のスピーチ例

ペア練習のスピーチ例を3例挙げておきましょう。

手書きメモをもとにスピーチの例文が作られていることにご注意ください。

論題 1「Fast food ファーストフード」

Fast food companies → junk food
taste good, kids, easily access
too much oil, sugar, salt
↓
seriously sick → x human health
Minnesota Uni (heart attack +50%
diabates +30%)
↓
addict
difficult to stop eating

Fast food companies serve junk food at a reasonable price. This junk food tastes good in some ways. Many people, even kids, can easily access it. However, I do not think junk food is good, because junk food contains too much oil, sugar and salt. It damages human health and a lot of people become seriously sick as a result of eating too much junk food. According to research from Minnesota University, eating junk food even just a few times a week increases the risk of a heart attack by 50%. The risk of diabetes rises by about 30%. In addition, junk food is highly addictive. It is difficult to stop eating junk food. Therefore, I strongly believe junk food should be avoided.

ひとつも難しい単語がなくても、これだけのことがいえます。唯一、糖尿病diabetesという単語が見慣れないかもしれません。「50％増し」で前置詞byを使うところや、become sickやaccording to、in additionのようなよく使うフレーズは頭に入れて、声に出して、すぐに使えるようにしておきたいものです。

【Q】You said junk food is bad for our health, but fast food is not always bad, especially when we don't eat too much. It is our choice how often we eat junk food, and how much junk food we eat. What do you think about that point？

【A】You said junk food is not bad, because it is our choice which causes health problems for some people. But it is not true. As I explained, junk food is highly addictive. If you get used to eating fast food, it is difficult to stop. It is cheap. Everyone can easily access fast food, even kids. Therefore, I believe junk food damages our health. It should be avoided.

ここでは学校で習った「get used to doing」を使っています。「～することに慣れる」という意味です。

論題２「English Debate Tournament 英語ディベート大会」

important, English debate
b/c students motivated { skills / knowledge
For example { write in English / listen to opponent's arg / disscuss the issue
research, envi, sci, poli, eth, reli
a great incentive

＊ b/c は because、arg は argument、envi は environment、sci は science、poli は politics、eth は ethics、reli は religion の省略形です。メモですから自分が分かればいいのです。

I strongly believe that it is important to hold an English debate tournament, because it makes a lot of students motivated to develop their English skills and get knowledge about social issues. For example, in a debate match, students have to write in English, listen to the opponent's argument, and discuss the issue with the opposing team. There is no limitation of the topic given to the students. They have to do research on the environment, science, politics, ethics, religion, and the economy. They have to be well-prepared for these various types of topics in various fields in English. Therefore,

I think an English debate tournament is a great incentive for students to develop their English skills and get social knowledge.

ここで見慣れないのは opponent（敵対者、相手）ぐらいではないでしょうか。やはり for example のような定型フレーズは、すんなり使えるようであってほしいと思います。

少し高度な**「make something 動詞 ed」**も覚えておきたいフレーズです。make a lot of students motivated で「たくさんの学生をやる気にさせる」といった意味です。

それを使った表現をいくつか頭に入れて、口に出して覚えておくといいでしょう。

> I make you so exited.　きっと気に入るよ
> You make me interested.　興味があるね
> I make you astonished.　びっくりするさ
> Don't make me embarrassed.　困らせるなよ

【Q】You said students will be motivated to learn English through the English debate. If they lose the match, I think they will be discouraged. What do you think about that point ?

「試合に負ける」は lose the match、「がっかりする」は be discouraged です。

【A】You said some students may be discouraged when they lose the match, but it will not happen. That's because they still have a chance to win the next matches. There are several matches in order to have debates with different levels of teams. Through the four or five matches, they will have a chance to win the match. Therefore, they will not become discouraged.

ほぼまえに出ている単語、フレーズを踏襲しています。目新しいのは、it will not happen「そんなことは起きないよ」ぐらいでしょうか。「in order to 動詞」の形も使えるようにしておくといいですね。

論題 3「Democracy 民主主義」

Democracy
dictators { privilege, squees money, wealth out of people
↕
democracy { equality, social justice freedom
For example fair → politics → free elections = replace goverment
democracy = stable, happie lives

In some countries, dictators abuse their privileges, and

they squeeze money or wealth out of the people. Therefore, I strongly believe democracy is important, because it secures equality, social justice, and freedom in our society. For example, citizens are given a fair opportunity to join politics. All citizens are allowed to join elections, and they can replace the government if it is necessary through free elections. Also, the human rights of all citizens are protected by the laws and procedures under the name of democracy. They apply equally to all citizens. Therefore, in order to achieve stable and happier lives, democracy is necessary.

dictator（独裁者）がprivilege（特権）をabuse（乱用する)、人々からお金や富をsqueeze（搾り取る）といっています。procedureは「手続き」という意味ですが、laws and procedures とワンセットで使います。「法と手続き」といった意味です。

【Q】You said our freedom should be protected. The government should not violate our human rights. However, I think the government often limits citizens' freedom to protect their lives. For example, illegal drugs and gambling should be banned even if citizens want to enjoy them. What do you think about that point ?

even if（もし～でも）あたりもすぐに使えるようでありたいものです。violate（権利などを侵害する）も知っておきたい単語です。

【A】You said our freedom should be limited, but it is not true. If you are right, the government has to ban everything such as bungee-jumping, skydiving, and scuba diving. They are considered more dangerous than gambling, but these things are allowed, because we know the risk of our actions and we have responsibility for them. Actually, thanks to our freedom of choice, we can pursue our own happiness, because our best choice makes our best life.

our best choice makes our best life というのは覚えておきたい構文です。その応用は以下の通りです。

Our best communications makes our best friendship.
That romantic movie makes my love with you.
Your best advice makes my big success.
Your efforts makes the foundation of this company.

ふだんのトレーニング⑤——どんどんレベルを上げる

脳に適切な負荷をかける

年間のスケジュールでいうと、新しい年度が始まった4月、

5月はいままで述べてきた「初級編」を丁寧にやります。

1年生の実力も徐々に上がってきていますので、6月ぐらいから初級編の活動を端折って、いきなり中級の活動に入ることもあれば、同じ課題でやり方を変えることもあります。

たとえば、ブレーン・ストーミングの時間の5分をどんどん短くしていきます。最後には、ブレーン・ストーミングなしで、自分で考えなさい、とやることもあります。時間の設定でハードルを上げていくのです。

条件を変えるだけで、初級は初級のままで難易度が上がっていきます。

また、30秒、40秒だったスピーチ時間を50秒、60秒、90秒と上げていきます。

大変だと思う方もいるでしょうが、筋肉をつけるのと一緒で、**脳も口も負荷をかけないと進化しません。**

中級レベル

中級レベルは、スピーチが2分で、内容的にはAREAを2回使うレベルです。質問も1つだけでなく、2つ、3つと増やしていきます。

もっと難度を上げる場合は、「2分間でなるべくたくさん質問をする」へと切り換えます。**2分間ずっと、「質問する→答える」をできるだけたくさんくり返す**のです。

上達してくるとより多くメモを取れるようになるので、その技術や質も上がっていきます。

じつは、**スピーチの課題は、抽象的なテーマのほうが話しや**

すいのです。漠としていて難しそうに思うかもしれませんが、幅が広いと、なにをいっても正解なので、話者は自由な発想ができます。

たとえば、「日本」がテーマだとすると、それこそいろいろなアプローチが可能です。政治から文化、エンタメまで、切り口はいくらでもあります。

それが、「小選挙区制の弊害」「イルカ漁の是非」などといったように課題が狭くフォーカスされると、ぐんと難しくなります。ですから、**初心者がやる場合は、ざっくりとしたテーマで始めるの**が賢いやり方です。

逆に中級になると、少しずつ絞り込んだテーマを出すようにします。

整理すると、**中級はテーマはある程度、限定的なものにする。2分のスピーチで、AREAが2つ。質問も2分のあいだ、いくつしてもいい**——となります。

この練習法で、かなり速いスピードで実践型の英語が身につくようになります。

具体的な目標設定がカギ

実際のところ、5月には新しくできた世界大会形式の英語ディベート大会であるJWSDC、6月には初心者向けのNOVICEカップがありますし、12月にはいつもの全国大会が控え、さらに即興型（パーラメンタリー）のディベート大会やWinter Cupという大会もあり、場合によってはアジアのどこかで開かれる大会に出たりもします。

英検を受ける生徒もいます。ちなみに**2019年に、インターアクト部では英検1級が2名、準1級が23名**出ています。ほかにスピーチコンテスト、英作文コンテストというのもあります。

1年を通して、必ず何かにチャレンジしている感じです。ですから、トレーニングと実戦で生徒たちはめきめき力をつけます。

大会出場は生徒の具体的な目標になるので、なるべく機会をつかまえてはいろいろと出るようにしています。具体的な目標もなく、ただ漠然と英語の力をつけたいというのでは、上達はおぼつかないでしょう。

ビジネスパーソンは海外との取引などの業務に就きたい、海外出張が多くなってきたので、どうにか英語をものにしたいとか、具体的な目標設定があると、ぐっと力のつき方が変わってくることでしょう。

使えるフレーズ

ビジネスパーソンも毎日、5分ぐらいセンテンスの発音練習をやり、そのあとテーマを設けて、メモの単語を見ながら30秒間スピーチ（次第に時間を延ばす）をやれば、思ってもいないかなりのスピードで英語力が進歩するだろうと思います。

思いついたときに、使えるセンテンスを調べておき、表現の幅を広げておくのもいいでしょう。

たとえば、よく使う次のような言葉は英語で何というか、30秒間スピーチで必要になるたびにチェックしておくのです。

●よくやった	You did it good/ You have done well/ Well done !/ good job
●上出来です	That's enough/ Excellent/ It's fairly well done.
●検討に値する	It's worth considering/ It's worthy of consideration.
●論外だ	It's out of question.
●予想外だ	It's over my imagination.
●予想通りだ	It was just as I had expected.
●私の見方ではイエス	It's yes from my point of view.
●君の意見に従う	I give in to your opinion.
●余人に代えがたい	You are hard to replace（with other persons）.
●君のような優秀な人を知らない	I don't know a competent person like you.

ふだんのトレーニング⑥——反論をくり出す

中上級

中級と上級のあいだに中上級がありあります。相手がスピーチをしたら、それに対して質問ではなく反論をするようにします。反論もまたAREAを使ってやります。

なぜ**質問より反論のほうが難易度が高いかというと、相手の論理の弱いところに気づく必要があるから**です。

反論もまず**「You said」**といって、相手のいったことを整理してから、**「しかし、それは違います：But it's not true.」**と続けます。その次は、「違う」理由を述べます。そこで便利なのが**「なぜならば：Because」**です。

理由付けだけで終わってもいいのですが、できたら例証（example）が入ると、もっと説得性が増します。「だってこういう例があるでしょう」といって、「だから、あなたのいっていることは違います」と主張します。次のような構造です。

You said… . But it is not true, because… .

AREAに沿ってやると、簡潔でロジカルな反論、主張ができます。テレビを見ていると、論理的にしゃべるタイプの人は、無意識のうちにAREAを使って話しているように見えます。何か聞かれて、「それには3つ条件があります」などといい、「なぜなら、こういう例証があるからです」と展開する人がいますが、明らかに論理的に話す訓練を積んでいると思われます。

日本語で話すときも、**「主張→理由→例証→主張」**と必要な要素がきちんと並んでいると、話していることがシンプルに伝わり、好印象です。

上級

ペアで質問ではなく**「反論」するのが中上級**。

上級では、準備の時間なしで、トピックを出されたら、すぐにスピーチを始めるようにします。夏休みが終わるころには、この「準備なし」を導入します。

上級といっても、最初に慣らし運転で初級のエッセンスを復習する時間があります。そのうえで、中級までやるか、上級までやるか、という違いです。上のクラスになるほど、その慣らし部分を短くしていくわけです。

ですから、毎日、ウォーミングアップとして発音もやりますし、質問形式も軽くやって、「では、次は上級の活動をやるよ」というように展開します。4月から始めて、夏でこのレベルに来ますから、生徒たちもかなり進歩している、という実感を持つのではないでしょうか。

さらに12月以降になると、上級の活動としてひとり7分の準備なしのスピーチをします。かなり実戦に近づいてきます。

基礎練習での7分スピーチの中身の組み立ては、生徒に任せます。7分間で理由を2つ、3つ立てるという縛りなしで、自由にしゃべらせます。

ただし、筋道をつくって話さないと、7分間がもちませんし、説得性もありませんから、自然とAREAを中心に組み立てることになります。

何かテーマにふさわしいイントロダクションを入れて、それから、「私はそれについて、これから3つの話をします」といって中身を展開し、最後に結論（コンクルージョン）で締める、というのが代表的な流れでしょうか。

7分間を使って、どういう筋道で、どういうふうに話をした

ら相手に分かりやすくなるか、生徒が自分で自分のスピーチのロードマップを考えます。これを意識的にやることで、スピーチの訓練ばかりか思考の訓練にもなります。

基礎練習は体力づくりと一緒

いままで述べたこの一連の作業が私の考える基礎練習です。これらのトレーニングは、**スポーツでの体力づくりと一緒**です。誰ができて、誰ができていないか、チェックするものではありません。「ここはこうすべきだ」のようなこともいいません。

自分で考え、自分で話す回路を「脳と口」に覚え込ませるための訓練です。ペアワークですから、相手の反論を聞けば、自分の論点のおかしなところ、弱いところに気づき、それで自分の論理の良否をチェックすることはできます。しかし、主眼は「自分で考え、自分で話す」ということです。もちろん基礎練習のあとに試合形式の練習もやりますから、それには私が判定人として立ち合います。

基礎練習はトータルで1時間か1時間半です。そのあとに、大会のための準備の時間を1時間半から2時間くらいとります。最近はいろいろな大会が開かれ、生徒によって参加する大会が異なるので、残りの時間を調べものの学習に使う生徒もいれば、実際のディベート形式でトレーニングする者など、いろいろです。

1年生で試合の予定のない生徒は、2年生のサポートに回り、一緒に調べ学習をしたり、先輩の練習試合を見学したりしながら、だんだん力をつけていきます。なかには2年生と力試しをする１年生もいます。

私は、すべての生徒をチェックすることはできませんので、試合が一番近くて、緊急性の高い活動をサポートするようにしています。

ふだんのトレーニング⑦——— 1年で262時間のスピーキング量

いつでも世界に出て行けるように

パーラメンタリーの練習を含めて、みっちりと１時間半やっているのは、いつでも世界大会に出られるように準備をしておくためです。

わが校も実績を積んで、世界に出ていくことが、それほど突飛なものではなくなりました。生徒たちも世界大会を視野に入れてやっている者がたくさんいます。

私としては、いつ全国優勝しても、生徒たちを世界に送り出せる状態にしておくのが使命だと思っています。その意味でかなりレベルの高いことを、ふだんからやっているわけです。

おかげさまで、第10回の優勝のときは、タイの世界大会で比較的余裕をもって対処できたのではないかと思います。ふだんの練習も積み、大会用の対策も済ませ……以前とは見違えるほどの進歩です。

一番大きかったのは、世界大会がどういうレベルなのか分かったことです。自分たちがやってきた練習をもうちょっと積み上げていけば、おそらく世界の標準に届くだろうなという感触を持てるようになりました。

タイの大会に参加した生徒たちも、少なくとも勝ち負けにかかわるところまでは行けるもしれないという自負を持っていたのではないでしょうか。

毎日、少なくとも1時間は英語を話している

部活は3時45分から6時15分まで、2時間30分くらいを目途にやっています。運動部も吹奏楽部もみんな毎日、それぐらいの時間を練習に費やしています。私はよく、「インターアクト部は文化部だけど、吹奏楽部なみでやるよ」といっています。

土曜日は隔週で授業があるので、その日は、午後の半日はトレーニングをします。土曜日で授業のないときは、午前中にトレーニングをします。日曜日はお休みです。

土曜日もやはり3時間くらいやります。ほかの部と比べれば、むしろ日曜日は毎週、休みですし、夏休みも1週間くらい取ってあるので、比較的活動時間は少ないでしょう。

夏休みは1週間の休み以外は、学校に出てきて練習です。

3時間の内、相手のスピーチを聞いたり、自分で話す内容を考える時間などを考慮すると、話す時間は1日1時間くらい。1年間の練習量を計算すると、練習のない土日曜日96日分と夏休みの7日間を足すと103日、それを365日から引く。すると、(365日−103日)×1時間=**262時間**となります。

毎日の練習なので、これだけやれば、ずいぶん話せるように

なります。

私は英会話スクールに通うより、こちらのほうがずっと時間が取れていいのではないかと思います。英会話スクールは、意外と話す時間は少ないのです。講師の先生が話す時間がけっこうあるので、実際はリスニングがほとんど。1時間半のうち、実際にあなたが話す時間は5分か10分かもしれません。それにあるテーマについて、まとまった時間を使って論理的に話すということはしないのではないでしょうか。

部活の練習では、少なくとも1時間は毎日英語を話していることになります。それを全員でやるのが、**市立浦和方式**です。

オンラインでのディベート

コロナウイルス防止のために、テレワークや在宅勤務に取り組む企業が増えているといいます。最近ではオンライン会議をするためのツールも増えてきましたので、インターアクト部でもオンラインでディベートをすることがあります。LINEやSkype、ZOOMで定期的な練習や、遠隔地にある学校との練習試合などをしています。

とくにZOOMではブレークアウトセッションといって、オンライン上で分科会を作成し、小グループに生徒を振り分けることができる機能があります。メインセッションで全体向けに活動の指示をしたあと、いくつものペアに分けて、一定時間ペアワークをします。その後はメインセッションに戻り、ペアを替えて次の課題をします。生徒たちは**自宅にいても学校でしていることと同様な活動**ができます。

オンラインを活用して海外ともやり取りをしています。部員のひとりが文部科学省「トビタテ！留学JAPAN」に選ばれ、夏休みを利用して米国短期留学に参加しました。Skypeを利用して留学先の米国の高校生と、日本にいるインターアクト部員で、オンライン・ディスカッションの実現です。

また、米国スタンフォード大学が提供するプログラム「Stanford e-Japan」に選ばれた部員は、ZOOMを使ってスタンフォード大学のオンライン講座やディスカッション、バーチャル授業に参加しています。

オンラインは、練習に限らずより広く言語活動の支援に役立つ可能性があります。

今後、教育現場でもオンラインを活用した取り組みがますます増えてくることは間違いありません。

2 週1の特別授業もディベート方式で

CONVERSATION

授業にもペア方式を

インターアクト部の生徒で大学に入って、英語ディベートとは別のことをやる生徒もいますし、そのまま継続する生徒もいます。大学のディベートはかなり専門的になるので、そこで続けるのは、よほどディベートが好きになった生徒かもしれません。

2024年から入試が変わる可能性がありますが、現場ではまだ試行錯誤が続いている段階です。私は、インターアクト部で実践していることを、あちこちの講演会で話しています。それを実践に移す学校もちらほら現れています。

通常の授業では、終わりの20分ぐらいを、ペア形式のスピーチと質問にあてます。習った単元が「地球温暖化」であれば、教科書に出てきた単語なども使いながら、「地球温暖化対策は是か非か」で、話者と質問者で問答をするのです。

どうしても受験が頭にあるので、そこに結びつかない授業は意味がないのではないか、という考えが教師にも生徒にもあります。

それはもちろん正当な考えですが、入試が**4つの技能（聞く、話す、書く、読む）**を試すようになれば、学校の授業も少しずつは変わらざるを得ないだろうと思っています。

私大が4技能評価をどれほど取り入れるか疑わしい、という意見があります。試験方式が変わると、慣れていない試験を避けて、受験生がいままで通りの受験方法の大学へ流れてしまうのを心配するからだ、といいます。

しかし、新試験で国立大学を中心にして4技能評価に変わり、企業をはじめとしてグローバル化を歓迎する流れになれば、私大も黙っていられなくなるのではないでしょうか。

先にも触れたように、日本人の英語力が世界との比較で低位に張りついていることは、危険信号がずいぶんまえから灯っていることを意味します。ことはそうのんびりしていられない状況なのです。

週1の実践的授業

市立浦和では2014年から、週1回、インターアクト部で取り組んできたAERAを使った授業を1年生に、2018年からは2年生を対象に行っています。「Oral Communication」という名の授業です。

最初はALTにAREAを使った指導法を細かく指示して、実践的に授業を行ってもらい、いまは授業の狙いや指導方針を理解してもらっていますので、ALT自らのアイデアも組み入れながら、レッスンプランを立ててもらっています。

課題を出して、それを時間を限ってスピーチし、ペアを組んだ相手が質問をする。次は攻守を替えてやる、というのは部活動と一緒です。

こういう特別枠を設けている学校は少ないのではないかと思います。というのは、教科書的な進行とは別立てなので、受験に響くと考える学校では導入を躊躇する可能性があるからです。

1年生の特別授業では、50分の授業のうち半分をリスニングに充てるのが、部活動と違うところです。残り25分で**Communication Activity**をペアで行います（2年生では50分間フルで英語でディベート）。

リスニングの教材はオクスフォードの「Tactics」という教材を用いたり、教科書に基づいた録音教材などさまざまです。

では、Communication Activityの具体的なやり方を紹介していきましょう。

Communication Activityのやり方モデル

まずToday's Topicを生徒に見せます。たとえば、

「English is necessary ?」

という題を出し、次にToday's key phraseを挙げます。これを使ってスピーチを展開してください、という意味です。

（主張） English is necessary.

（理由） because…

（具体例） For example

こういうふうに具体的に話し方が分かると、生徒は取り組みやすくなります。

1　状況説明をします　　Roll Playing（2 mins）

次 に ALT と JTE（Japanese Teacher of English）が 2 分間ロールプレイをします。マクドナルドの店頭で品物を注文するのに、英語が出てこず困っている様子を演じます。

＊　　＊　　＊

2　モデルを示します　　Model Conversation（5mins）

「模範会話 Model Conversation」を 5 分間行います。

ALT は次のようなことをいいます。

I think English is necessary, because English is the world language. For example, in McDonald's, if you cannot speak English, you cannot order any food. Then you will be hungry.

それを受けて JTE は以下のようにいいます。

You said English is the world language. Is it true ?

＊　　＊　　＊

3　意見交換をします　　Brain Storming（3mins）

以上が準備段階で、生徒たちにこれらを前提にブレーンストーミングをしてもらいます。そこで出てきた考えをALT が黒板に書き出します。これが 3 分間です。

＊　　＊　　＊

4　スピーチの準備をします　　Preparation（5mins）

生徒たちに黒板に書かれたアイデアをもとに自分のスピーチを考えてもらいます。辞書を使って単語を調べてもかまいません。準備時間は 5 分間です。

＊　　＊　　＊

5　ペアワークをします　　Work in pairs（5mins）

1）生徒 A が 30 秒スピーチし、生徒 B が配布ずみの用紙の partner1 の欄にメモを取る。

2）生徒 B も立ち、メモを見ながら 30 秒でできるだけ質問をする。

3）A さんと B さんが役割を交代する。

＊　　＊　　＊

6　エッセイを書きます　　Essay（3mins）

生徒たちに課題に関連したエッセイを書かせ、ALT にチェックしてもらいます。

こういう流れで特別授業を行いますが、生徒の行ったスピーチは専用サイトにアップしてあるので、自宅で聞き直すことができます。

「Is English necessary ?」の模範例を2つ挙げておきましょう。いずれも生徒たちが作ったものです。

（Student's example 1）——

English is necessary, because it is used in many countries. If I can speak English, I can make various kinds of friends. For example, English is spoken in America, Canada and Australia. I love to visit these countries. Many people in the world speak English. So I think English is necessary.

（Student's example 2）——

English is necessary, because English is the main language used on the internet. For example, if we can read and write English fluently, we can use Amazon to buy American CDs. And we can get a lot of information from Wikipedia to do our homework. About 30% of the internet language is English. So I think English is necessary.

実践型英語へ

以上がディベートを授業に取り入れた例です。文法や訳文の授業とは別に、こういう実践的な授業があってもいいのではないでしょうか。

これを見ても分かるように、実践型の英語に移行すると、それに関連して教師の英語力も問われることになります。

いずれ自在に英語の話せる先生が授業をやる、ということが当たり前の世界になっていくでしょう。

教科書は50分の授業で消化しきれないほどの中身があります。よって、ディベートに割く時間はない、という意見があります。

教科書に準拠する真面目な先生ほど、今回の実践型教育への移行には戸惑いがあるようです。実践とは「教科書を教える」のではなく、「教科書で教える」ことだと捉えて、実践は実践、教科書は教科書でやればいいと考えていますが、なかなかそういうわけにもいかないようです。

私のすすめる方法を、進学校などで実践してくれている先生がかなりいます。もちろん、4技能入試への対応のひとつとして、意欲的に取り組む生徒たちもいます。

3 とにかく話すこと——文法は後回し

CONVERSATION

注意はしない

人によって意見が分かれるかもしれませんが、私は**「脳の自動化処理」**という考えに有効性があると考えています。

たとえば、自転車に乗るのでも、テニスのラケットを振るのでも、最初はああでもない、こうでもない、と上達の手段を考えます。

しかし、ある程度できるようになると、余計なことは何も考えずにできるようになります。これが「脳の自動化処理」です。

英語のトレーニングも同じで、あれこれと試行錯誤した初心者も、1年もすると慣れて自動化が進み、脳の機能に余裕が生まれてきます。そのときになってから、文法の誤りなどを直すのです。

英語脳の回路が未発達の段階で、文法を意識しろといっても難しいでしょう。

いままでの教育は、主に文法や構文などの学習に時間を費やしましたが、それはいってみれば**英訳をするための学習**でした。高校生での実践をメインに考えた場合、その順番は逆になるべきだと思います。**まず英語で話す回路を作り、それから文法的な過ちを直していく。途中までは、「ミスがあってもいいじゃないか」というのが、このメソッドの重要なところです。**

母国語の言語習得をみてみると、幼児は一日中ひっきりなしに意味のとれない言葉をしゃべっています。その量たるや膨大なものです。お試し期間ですから、親も間違いを直さず、ほほえましく見守っています。

それで3歳、4歳ともなれば、まともな日本語を話せるようになります。注意をするなら、そのときです。

私は部活で、生徒の文法的な間違いに気づいても、あまり指摘はしません。ひとつか2つ、全体に向けて、こういう間違いがあるから気をつけてください、と一般化して指摘をします。それで気づいた生徒が直せばいいのです。

1日に1個注意すると、それでも100日あれば100個になり、ばかにしたものではありません。**1度にたくさん注意しても、効果はありません。あまり注意すると、英語が暗記科目になってしまいます。**

それに理解が不十分なうちに、いろいろ注意を受けると、意欲がそがれます。ひとつずつ、ステップ・バイ・ステップで進ことが大事なのです。

文法は授業で

母国語の聞いて話す会話の能力は幼児から育っていくもので

す。日本人が英語を学ぶ場合、それを後天的に獲得しようというわけですから、文法学習は基本的なものだけにして、学年の早いうちから、話す練習に入るべきだと考えます。

少なくとも、高校に入った段階で、ある程度基礎的な文法は済んでいると考えられるので、話すための回路づくりを優先するのです。

実際、高校で新しく習う文法は仮定法と分詞構文ぐらいです(2021年からはこれらも中学で習うようになる)。

コミュニケーションでは、多少の文法の間違いなど聞き逃してもらえます。たとえば、He plays. は He play. でもあまり問題ではありません。実際、s の音はほとんど聞こえません。

私はインターアクト部の生徒には、「授業中に文法をきっちりと身につけなさい」といっています。あるいは、「ディベートで使えるように授業を受けなさい」ともいっています。

勘のいい生徒は、授業で学んだ熟語や文法を使ってディベートをします。実践が頭にあるので、授業のなかで反復して覚えるようにしているようです。

100時間練習すれば誰でも話せる

インターアクト部での活動を、個人でやってみようという場合、1年、2年というスパンで取り組むのが本来の姿です。短期間である程度の力をつけたいというときも、私の経験ではトータルでおよそ**100時間程度のスピーキング時間が必要**です。

英会話はスキルですので、ある程度の練習量が必要だからです。練習時間を積み上げて、100時間程度のスピーチ量をこなすと、気づいたときには力がついていた、といった状態になります。

まずは自分ひとりでもよいので、**30秒から1分程度のスピーチを録音**してみましょう。自分が聞きづらい発音は、実際に相手も聞きづらいはずですので、発音、イントネーションなどもチェックしながら、実践しましょう。

コミュニケーションですから、本当はペアでやれれば一番なのですが、自分ひとりの場合は、メモを見て話し、それを録音、再生して、自分で質問をしてみるといいでしょう。ひとり2役を演じるのです。

そのときに細かい言葉のミスが気になるかもしれませんが、あまりこだわらずに、制限時間内いっぱいに話すことを意識します。

録音したスキットを紙に引き移すのは、有効ではないとはいいませんが、それよりは何度もスピーチして、話す回路を作るほうが先決です。

授業でAREAを用いて生徒にスピーチをやらせたあとに、時間があるときは、それをライティングさせることがあります。書いたものをペアで交換して見ると、いろいろとミスに気づきます。

これは部活では取り入れていません。中間や期末テスト、入試にしても、やはり正確さが求められるので、授業でこういう英作文の作業も必要になります（179ページ「6　エッセイを書きます」に該当）。

スピーキングを意識して書く

授業のライティングでは、He play. と書けば、s が抜けていると指摘します。前置詞や冠詞が抜けていれば、それも指摘します。

埼玉県では英作文コンテストがあり、ディベートに参加する生徒も、その大会に出場します。

彼らは**スピーキングを意識してライティング**をしています。「いつも話していることを書く」という意識です。よく進学校や予備校では、文法を使ってライティングの練習をしていますが、それが受験英語と実践英語の違いです。

「ライティングができれば、スピーキングができる」という人がいますが、その説には賛成しかねます。というのは、実際**ライティングはすごくできるけれど、話せない人はたくさんいる**からです。

英文法を十分に理解している人でも、「自由に話してみて」というと固まってしまう人も大勢います。

ただ、その逆は真なりで、少なくとも日本人で、英語を流暢に話せる人は、ある程度書くこともできます。

「話す→書く」のほうが言語習得の順番としては自然だからだろうと思います。

生徒の間違い代表例

ふだんの練習のなかから、生徒たちの間違いやすい例を挙げておきましょう。

(A) 生徒の言い間違い例（下線部が間違い）

❶ Almost people live in the city area. → Most people live in the city area.

※ almost は副詞で、名詞を修飾しない。

---

❷ The situation will be more better. → The situation will be better.

The economy is getting more stronger. → The economy is getting stronger.

※比較が 2 つ重なっている。

---

❸ Many students want to go to abroad. → Many students want to go abroad

※ abroad は副詞なので、to は要らない。

---

❹ They discuss about the social issue. → They discuss the social issue.

※ discuss は他動詞なので about は不要だが、ディベートではあまり気にならない。

❺ I visited to USA during summer vacation. → I visited USA during summer vacation.

※ visit は他動詞なので to は不要。

❻ We will can play tennis tomorrow. → We will be able to play tennis tomorrow.

※助動詞を 2 つ重ねてしまう。

❼ Why so many people read that book ? → Why do so many people read that book ?

※疑問文の語順になっていない。

❽ He is depend on the social welfare. → He depends on the social welfare.

※ be 動詞と一般動詞を同時に用いている。

❾ How do you think about this point ? → What do you think about this point ?

※ How（どのように〜）は方法を聞く疑問詞。

（B）ちょっと高度なミス

❶「〜しないように」の表現

高校の英文法で不定詞の副詞的用法として「〜するために」というのを習います。たとえば、to study English（英語を勉強するために）などです。これを「〜しないように」と否定にする場合、not to study English とはいえません。次のような言い方をします。

○ in order not to do / so as not to do

---

❷増えるのは数や量

ディベートではよく数や量に触れることがありますが、よく見かけるミスは、

× Elderly people has been increasing.

× CO^2 is increasing.

という言い回しです。意味は通じるかもしれませんが、正しくは、

○ The number of elderly people has been increasing.

○ The amount of CO^2 is increasing.

といいます。増えたり減ったりするのは数や量だからです。

---

❸日本語英語の間違い

①アルバイト ⇒ part-time job

②サラリーマン ⇒ office worker

③ポテトフライ ⇒ French fries

④レベルアップ ⇒ improve

⑤マンション ⇒ apartment

⑥高齢者　　　　　⇒ elderly people

（old people は少し失礼）

---

❹よくある発音ミス

① allow	アロウ	⇒アラウ
② alcohol	アルコール	⇒アルクォホール
③ virus	ウイルス	⇒ヴァィラァス
④ enable	エナブル	⇒イネーブル
⑤ vitamin	ビタミン	⇒ヴァイタミン
⑥ labor	ラバー	⇒レイバー
⑦ work	ワーク	⇒ウァーク
⑧ energy	エネルギー	⇒エナジー

＊スペルや日本語の発音に引きずられる生徒も多い。英語は歴史的にスペルと音声がずれていった言語のひとつです。

（C）相手に明確に伝えるための工夫

これは間違い表現ではなく、相手によりよく伝えるためのひと工夫で、生徒にもアドバイスしているものです。

❶否定語は明確に発音する（逆に聞こえてしまうと聞き手を混乱させてしまう）

Foreigner can't work for Japanese companies.

→ cannot を使う

Women don't like to work for the construction industry.

→ do not を使う

❷誤解を避けるため、あえて代名詞を使わず、固有名詞や普通名詞をくり返す

3.1 million women work at manufacturing companies. And about 2 million elderly people have jobs of construction and agriculture. So women and elderly people can have such hard jobs. That is why they are not given chances to work at company's office.

※本来、下線部分はtheyで置き換えるところ。しかし、誤解を避けたり、印象に残すことを目的に、意図的に同じ言葉をくり返します。

❸重要な単語はくり返す（とくに数値）

ディベートや日常会話では、聞くそばから言葉は消えていきますから、大事な情報、とくに数値は強調する必要があります。そのために、くり返しを利用します。次の例は、下線部at nightや40%がそれに当たります。

Convenience stores are an easy target for robbery, especially at night. According to Ministry of Economy in 2015, 40% of convenience stores have a single salesclerk at night. 40% is a big propotion.

※ 40%=forty percentと読みます。

❹ポーズを置く

重要語の前には、ポーズを置き強調することがあります。また、適切なポーズはスピーチのリズムを作り、相手に心地よい感じを与えます。

Yes, your opinion is / EXCELLENT.

※斜線のところにポーズを置いて、excellentを目立たせます。

❺差別的に聞こえる表現は避ける

問題によっては非常にセンシティブに扱うべきものがあります。「宗教」「人種」「年齢」「女性」「病人」「貧困者」などに触れるときには、一定の配慮が必要です。たとえば、「高齢者は働けないので、年金負担は高まるばかりだ」などというのは、年齢差別に当たります。

❻ナンバリング

自分のいいたいことが複雑な場合、「First」「Second」というように主張を整理して、ナンバリングをします。そのほうが聞き手にもやさしいといえます。ディベートばかりか、日常生活でも必要な会話技術です。

First of all, my most favorite thing is singing Karaoke. And second, sometimes a little alcohol with my old friends. Last, I like traveling over the world on a ship.

❼ラベリング

自分のいいたいことに「ラベル」をつけることで、聞き手の理解を助けます。新聞でいう見出しと同じです。聞き手に話を聞く準備をさせ、より深く理解してもらう技術です。下線部分がラベルです。

<u>Our first point is whether we should stop overworking or not.</u>

In Japan, 50,000 convenience stores are open 24 hours. It is a big burden to the shop owners and workers. According to Franchise Research Institute in 2005, 34% of the owners have to work over 12 hours a day. Their overtime hours are far higher than the safe limit, which is 80 hours a month. So if Japan stops the retail shops from opening 24 hours, shop owners will not have to work overtime. Their overwork will be stopped.

---

❽反論は“真逆”の視点から

自分の主張をより確かなものにするためにも、相手からの的確な反論が必要です。相手に頼んで、正反対の論をいってもらうのです。たとえば「クジラ漁は止めるべきだ」には「クジラ漁は進めるべきだ」と反論してもらうのです。まず根本のところからスタートすることで、自分の主張を練り上げていきます。

---

❾理由と例を必ず入れる

AREAで話すと、必ず「理由」と「例」が入って来ます。ディベートに限らず、なにかを論じる場合に「印象論」で終わらないためにも、それを意識したいものです。

たとえば、相手が「日本の少子高齢化は、女性や高齢者などで補える」といったとします。そこで以下のように反論をしてみるとどうでしょうか。

They said Japan can create new labor forces from women and elderly people. But it is not true, because the policy will not work.
「日本は女性と高齢者から新しい雇用を創出できるといわれますが、その政策は有効ではありません」

これは、「日本人で足りる」という意見に「それは有効ではない」といっているだけです。具体例や証拠がありません。以下のようにいってみたらどうでしょう。

They said Japan can create new labor forces from women, elderly people. But it is not true, because the policy does not work. According to the survey from the Cabinet Office in 2014, even if Japan makes the most use of women, elderly, and young people, Japan will still lose about 12 million people from its labor force by 2060. This problem is becoming more and more serious.
「日本は女性と高齢者で新しい雇用を創出できるといわれますが、その政策は有効ではありません。2014 年の内閣府の調査によると、仮に日本が女性と高齢と若者を活用したとしても、2060 年までに約 1200 万人の雇用が失われます。これはますます深刻になります」

ビジネスなどで、自分の言葉に説得力を持たせたいときは、理由と、その理由を支える具体例（資料）が不可欠です。もちろん、ふだんの日常会話で、これを意識する必要はありませんが。

---

⑩俗な言葉を使わない

よく英会話の本などにカッコいいネイティブ表現が収録されていますが、ノンネイティブな日本人がこれを使うと滑稽に聞こえたり、場合によっては失礼となってしまうことがあります。

たとえば、「Yeah, I gocha（got you).」「Yup, gonna（be) there.」などは、使わないほうが無難でしょう。知っていて使わない、というのも大人の振るまい方です。

4章

音とイメージを結びつける トレーニング

1 リスニングで音とイメージを結びつける

リスニングは1度身につけば忘れない

リスニング力は、英語の4技能のなかで最もやっかいなスキルです。しかし、リスニングの力は1度身につけると、なかなか落ちないともいわれます。自転車や水泳なども同じです。聴力というのは、運動技能などの"**手続き記憶**(Procedural memory)"の能力に近いと私は思います。

幼少期に海外にいた帰国生は、語彙を忘れるなど話す力は落ちても、聞く力はほとんど落ちないといいます。それがなぜなのかは分かりませんが、獲得するのは難しくても、獲得すれば生涯のスキルとして身についてしまうというのが、リスニングのうれしいところです。

あとで述べるように、音と意味（イメージ）を結びつける方法で、リスニング力を上げていくことが可能ですので、ぜひ参考にしてみてください。

聞こえると話せる？

「読めたら話せる」というのは怪しいという話をしましたが、「聞こえたら話せる」というのもかなり怪しい話です。というのは、以前父親がイギリス人で、母親が日本人という生徒がインターアクト部にいました。母親と話すときは、日本語で会話をしているようでしたが、父親が子どもに話すときは英語でした。しかし、その生徒が父親に話しかけるときは日本語でした。父親も少しは日本語が理解できるので、子どものいうことが分かるのです。

このような例は少なくありません。別の生徒は両親は中国人で、日本で生まれ育ったのですが、中国語を聞き取ることはできますが、話すことはほとんどできませんでした。

私の大学のときの友人も、両親とも中国人でしたが、本人は日本で生まれ育ち、親は中国語で話しかけるのですが、彼はいつも日本語で返していました。

簡単な相づちを打つのは中国語でしたが、会話となると日本語でした。

「分かるけれどしゃべれない」とよくいっていました。

以上の例で分かるのは、**リスニングとスピーキングは別々のスキルで、「聞ければ話せるようになる」というのは一般的な学習方法ではないのです。**

ディクテーションは有効か

インターアクト部では、リスニングの時間は特別に設けていません。実践のなかで磨かれる、というスタンスをとっているからです。

よく英語の授業研究会などで、生徒のリスニング力を伸ばすためにどうすればいいかという議論があり、そのひとつの手法として、ディクテーションが挙げられることがあります。あるまとまりをもった英文を何回も聞いて、忠実に書き取って、音を聞き分ける力を育てていこうというものです。最後に答えを見て、ああこういう音だったのかと確認をします。

私はディベートのようなコミュニケーションに必要なリスニング力を育てるのに、ディクテーションだけでは不足、あるいはそれを主にするのは少し違うのではないか、と考えています。

ディクテーションの効用を否定するわけではありません。これは何回も聞き直して音を確認するための初歩的な訓練方法だと考えています。まったく英語の音を知らない段階で、単語レベルで音を認識するのには効果があるでしょう。

たとえば、リンゴがアップルだと思っていた人が、アポーと聞こえたときに、ああ違うんだと気づく。あるいは、マクドナルドはマグダナゥ、という音だと気づくのに、ディクテーションは有効です。しかし、聞くそばから消え去る1回性の会話やディベートでは、その有効性に疑問符が付きます。

もうひとつ、意識が音に集中して、中身にいかないという弱点もあります。the の音は小さくなるとか、a はあとの言葉とつながるとか、細かい音を正確に聞き取る方法としては有効だと思いますが、コミュニケーションには役立ちにくい、というのが正直な感想です。

しかし、ディクテーションの最大の問題は、相当注意して指導しないかぎり、次に述べる「音」と「イメージ」の結びつきに欠けてしまうということです。

音読で音を覚える

リスニング力を育てるのに、音読をして、強制的に自分の耳に音を覚えさせる、というのがあります。

これにはコツがあります。**きちんと意味が分かる、比較的簡単な英語を、情景をイメージしながら、何回も音読する**のです。

このやり方だと、音とイメージが固く結びつくので、音読をした単語やフレーズが聞こえたときに、イメージも一緒に浮かんでくるのです。音読というトレーニングを通して、強制的に音とイメージの結びつきを脳の中に作るのです。

音とイメージを結びつけるのは、単語レベルのこともあれば、nice to meet you のような構文レベルのこともあります。

部活の基礎練習の冒頭にセンテンスの発音練習をやる、と前述しましたが、これは発音の矯正とともに、発音とイメージとの結びつきを強化する練習でもあります。

反対に、**効果的ではない音読のパターンは、文の意味もよく分からないような難解な英文を、声に出して読む場合**です。先に述べたように、音読は音とイメージの連結を目的にやるわけですから、イメージの浮かばない音読は効果が薄いといわざるを得ません。

理屈のうえでは、**意味の分からない英語は雑音と同じ**です。一方、自分の理解できる英語であれば効果があります。聞きながら自分でも声に出すと、もっといいでしょう。聞いたあとに、テキストがあれば、それを音読するのも効果的です。

会話形式のテキストを音読する

NHK テキストのように会話形式のものは、表現も実用的ですし、ストーリーがあるので、音読には最適だと思います。役になり切って、その気持ちで音読すると、逆に音を聞いたときにそのイメージが浮かぶようになります。

私たちは母国語の日本語を聞いたときに、分析などしなくても、自然とイメージが浮かんできます。それと同様に、英語でもある程度音読が進み、音声知識がストックされてくると、英語を聞いたときに何も考えなくてもイメージが浮かんでくるようになります。

目から入手する文字情報の量に比べて、耳から入ってくる音声情報が圧倒的に少ない。それを音読で強制的に増やして、音を聞いた瞬間にイメージが浮かぶように練習するのです。これがリスニングの練習方法です。

読むなら使える短文を

NHK テキストのほかに、**中学・高校の教科書を読む**のもいいと思います。

最近のセンター試験では、細かい音を聞き取るよりも、リスニングからざっくりと情報を得ることが重視されています。

大学入試に出るような英語の長文読解は、日常生活とほとんど関係がありません。研究者でもないかぎり、じつは英語の長文を読む機会もそれほどないはずです（読書は別）。それは海外で暮らしても同じで、せいぜい長文を読むといっても、新聞記事ぐらいなものではないでしょうか。

だから、実用的な面からも、**文章を読むなら短文を速読するほうがいい**、といわれています。

そして、日本語を英訳したり、英語を邦訳する作業も、実際の暮らしを考えた場合、不必要な作業であることが分かります。

聞こえてくるのに 3、4ヵ月

意味の分からないものを聞いても力にならないという観点からいえば、**英語の聞き流しにも否定的**にならざるを得ません。

何かをしながら聞く、という“ながら聞き”では、きちんと情報をつかむことができません。先に述べたように、**意味を持たない英語は雑音**に近いのです。さらにいえば、同じものを何度も聞くのでは飽きがきて、音が耳を素通りするようになります。

何度もいうようですが、意味が分かった状態で聞けば、定着の度は深まります。ただし、それには口を使っての練習が入っていないので、会話の練習には結びつきません。聞いて復唱するなど、「聞く」と「話す」はセットで考えるべきです。

リスニングを促成で強くする妙薬はないと思ったほうがいい

でしょう。「急がば回れ」です。意味の分かる音をたくさん聞いて、自分の口にものせて、ストックを溜めて、音とイメージを結びつける作業をくり返すしか方法論はありません。

わが部では、**中学から来た生徒がある程度聞こえるようになるのは、3、4ヵ月経ったころ**です。毎日1時間、週5日として5時間。3ヵ月で60時間ぐらい英語を聞いていることになります。

これもただ漫然と聞いているのではなく、メモを取りながら、必死に聞いているのです。しかも、そのメモを見ながら、自分も発音します。

生徒たちは真剣に聞き取りをすることと、自分で口に出して発音すること、この2つを合わせた練習を毎日していることになります。

60時間練習した生徒の英語レベル

高校1年で入部してきた4月では、生徒はまったく先輩のいっていることが分からない状態です。

ペアを組む先輩も気を使って、ゆっくり話したり、くり返したりします。

60時間、トレーニングを積んだ生徒のレベルを、どういえばいいでしょうか。もちろん、いろいろな意味でまだまだだとは思うのですが、ディベートをするのに違和感がなくなっているのは確かです。

明らかに一般の高校生のレベルは超えているでしょう。毎日実践しているうちに、気がついたら、ある程度聞けるようにレベルが上がっていた、という感じでしょうか。

前章で述べたように、随時、練習の難易度を上げていますから、それについてこれている、ということは、英語力が確実に上がっているということです。

「初めは全然聞こえなかったなぁ」と感慨を洩らす生徒がいます。そういう生徒が、3、4ヵ月すると、メモも取れるようになり、相手のいわんとしていることを情報としてつかむことができているのです。

その際に正確に聞き取る必要はありません。自分の推測も交えながら、メモに残すことができれば、「ああ聞けてる」ということになります。

彼らのメモを見ると、実力のほどが分かります。確かに着実に実力がついてきていると感じます。**リスニングもまた量がものをいうのです。**

2

メモをしながら聞く訓練をする

LISTENING

情報をつかむ訓練

音読で音声情報を増やすほかに、ニュースなど長めのものを聞いて、聞き取った単語をメモして、情報をつかむ練習をするのもいいでしょう。そのメモを見て、何をいいたかったのか、振り返ってみるのです。

情報を獲得することが目的なので、自分が持っている知識などをフル活用しながら、メモを取ります。

さらに、そのメモを見て、聞いたニュースを再構築するつもりで、スピーチをしてみると力がつきます。この、自分でやってみる、というのが大切です。

初心者であれば、日本の話題を英語ニュースで聞くほうが、取っかかりがあっていいかもしれません。海外ニュースをネットで聞く場合、記事を音読してから聞いてもいいですし、聞いたあとに音読するのも、定着度を深くする方法です。

国際大会の論題のところで触れましたが、日本と海外では報道される情報が違います。自分の必要度に応じて、メディアの質を選ぶことも必要です。

世界大会に行く生徒たちには、「ニューズウィーク」「タイム」「エコノミスト」などの記事も読ませました。

国内で優勝してから半年ぐらい猶予があるので、必要な情報を得るという意味で、海外のニュースを題材に使うわけです。

ふだんのディベートは日本の話題で対応できますが、海外となると、取り組みが変わります。

英語字幕の映画を観る

洋画を英語の教材に、という意見もありますが、その場合、音が英語で、字幕が日本語という組み合わせのことが多いかと思います。

私はいつも、それは何の能力を伸ばそうとしているのか、疑問に思います。洋画の字幕は字数の関係でかなり意訳していることが多く、言葉を見ただけでは、何を話しているかよく分かりません。聞こえない音をチェックするために日本語訳があるわけでもないので、英語のフレーズなどをインプットする手助けにはなりません。結局、どんな英語を話しているかさっぱり分からないまま聞き流してしまいがちです。**人は自分が認知した音しか聞こえません。**

プラスの要素があるとすれば、まったく英語が分からない人が、簡単な挨拶文などをチェックするのに、日本語字幕があると助けになるかもしれない、ということです。

あるいは英語上級者が、実際に話している言葉と字幕との差異を見て、こういうふうに訳すのか、と吟味する材料としてはいいかもしれません。

しかし、翻訳家志望でもない、通訳の仕事に就きたいわけでもない、という場合、日本語字幕つき洋画は実践的ではありません。

洋画の英語スクリプトとその対訳が載った本がありますが、それを読んだうえで映画を見ると、確かに音も聞こえて、意味も分かる可能性があります。しかし、そんな回りくどいことをやって、どれだけの成果があるか、です。それに、よほどその映画が好きでないと、根気が続かないのではないでしょうか。

ただ、**DVDで字幕を英語に切り換える**、というのはありかもしれません。音と文字知識が一致するからです。しかし、英語の日常会話はとても速いので、慣れないうちは、文字を追うだけに終わってしまう可能性があります。

その場合でも、「口の訓練」がおろそかになることは変わりません。**耳で聞いて口に出す――この練習が一番**なのです。

スピードの速さにどう対処するか

私自身、英語での日常会話の速さに戸惑った経験があります。音の塊が襲ってきて、何をいっているのか分からないのです。あとで文字を見れば、「ああそうなんだ」と思うのに、耳がそれをキャッチできないのです。

テキサス州西部、メキシコと接する土地を舞台にした映画(『ノーカントリー』2007年度アカデミー作品賞)を見ると、「say」を「サイ」といっているように聞こえます。それに舌を丸めた発音がどんどん出てきます。単語もフレーズも区切れなしです。30 ワードぐらいある会話を数秒で言い切ってしまいます。

ディベートで速い英語に慣れていて、英検の準１級を持っている生徒でも、日常会話の速さに慣れないと聞き取りに苦労します。なまりがあり、力が抜けて脱落する発音や単語があり、ゴニョゴニョ、モゴモゴと明瞭ではないので、一層苦労します。

英語のニュースなどは、比較的発音もきれいなので、聞き取りやすい。男性キャスターより女性キャスターのほうが聞きやすいともいわれています。

先に音読で耳に音を覚えさせるといいましたが、映画などで実際の音を聞いて、それを自分で発音してみてイメージをつかむのもいいでしょう。ボソボソも、実際にまねてみるのです。それで、実感をつかんでおけば、今度は聞こえるようになります。

できれば、会話的なやりとりが多い映画やテレビドラマなどを英語字幕版で見るといいと思います。アクションものは、自然と会話が少なくなります。一話完結のコメディシリーズ、いわゆるシットコム（シチュエーション・コメディ）のようなものもいいかもしれません。

気をつけたいのは、**細かい音にあまりこだわらず、大まかに意図をつかもうとする姿勢を失わない**、ということです。われわれは、人のいうことをいちいち細かく聞き取っているわけではなく、実際は、この状況だからこういうことをいっているのだろうという、漠とした感じで聞いています。英語もそのつもりで聞き、よく使われるフレーズやセンテンスが聞こえたら、その状況や意味をイメージしながら、声に出してまねてみるのです。

必死になれば上達する

英会話スクールにはマン・ツー・マンによるレッスンとグループ・レッスンの２つがあるようです。

会話の量はそれほど確保できないのではないか、と先述しましたが、それではリスニングはどうでしょう。

自分が会話する量よりは多そうですが、浴びるように聞くことはなさそうです。グループ・レッスンのほうが、マン・ツー・マンより聞く量は多いかもしれません。

それに、講師がレベルを下げて、会話のスピードを手加減するようだと、実践的な練習にはなりません。

英語での会話は猛烈な速さで行われますから、それに耳を慣らす必要があります。**スローダウンされた英語は実践的ではありません。**

英語習得における最大の問題は、日本にいて海外でサバイバルするような気持ちになれるかどうかです。**どれほど必死になれるか、それが英語を効果的に覚えるカギ**です。

英語を使わないとクーラーの故障を直してもらえない、レストランで注文できない、レンタカーの交渉ができない、となると、必然的に英語を使うようになり、めきめきと上達します。

インターアクト部の生徒たちには、ディベートで勝つという明確な目標とモチベーションがあります。きっとそれが、上達の速さの根本にあるのではないでしょうか。

差し迫った状況でやる１時間のトレーニングと、別に英語が聞こえなくても生活に別状ないという学び方では、結果は歴然です。

私はいつも相撲の外国人力士の日本語のうまさに驚きます。あれは、日本語だけの環境に投げ込まれて、必死になって獲得したものだと思うのです。

想像力と知識

リスニングに必要なものとして、ふだん生徒にいっているのは、次の4つです。

- Style
- Confidence
- Imagination
- Knowledge

「Style 姿勢」というのは、コミュニケーションのときに聞く姿勢が大切だということです。英会話というと話すことばかりに意識がいきがちですが、相手の話を聞く姿勢は洋の東西を問わず大切なことです。

もちろん相づちを打ったり、頷いたり、意見をいったりすることも、聞く姿勢の一環として欠かせません。

次は、トレーニングを重ねることで、**「Confidence 自信」**がついてきます。相手のいっていることを聞き取るうえでも、心の余裕が必要です。そのために、練習を積んで、自分に自信をつけるのです。

次が**「Imagination 推測」**で、前述した「大まかに意図をつかむ」に関連しています。状況を読んで、推測する力がイマジネーションです。これは、自分自身のいままでのさまざまな経験が助けとなります。

最後の**「Knowledge 知識」**は、聞き取ったことを確実にするためには、背景知識が必要だということです。いっていることは全部聞こえても、意味が分からない、ということがあります。たとえば、北朝鮮が開発を推し進める大陸間弾道弾の技術的な話は、いっていることは分かっても、その内容まで理解できるかというと疑わしい、という人が多いのではないでしょうか。

あるいは、豆腐を知らない外国人にそれを説明したとします。白くて柔らかくて、ビーンズでできていて、かつお節とソイソースをかけて食べる……といわれても、実際を知らないと、イメージしようがありません。マーチン・ルーサーキングも、すごく偉い人で、リーダーシップを発揮して、黒人の公民権を勝ち取る運動をしたが、志半ばで暗殺された、といっても、公民権運動が何かを知らないと、ただの立派な黒人の男性になってしまいます。

そういう意味で、正しいリスニングをするためには知識を広げ、深めておくことも大切だということです。

3

単語はイメージで覚えると定着する

LISTENING

単語とイメージを結びつける

リスニングでは、音とイメージをつなげることが大切だと強調しましたが、これは単語を覚える際にも共通していえることです。言葉によっては複数の意味があり、その場合に、根本（コア）のイメージで覚えておくと融通が利く、ということがあります。

たとえば、challengeには、たくさんの意味があります。動詞としては、〔人に〕挑む、〔人を〕挑発する、〔人に〕盾突く、食ってかかる、異議を申し立てる、〔何かの行動に〕チャレンジする、〔正当性を〕疑う、〔人の〕意欲をかき立てる、〔人の〕身柄を拘束する、などです。

これを全部覚えるのは至難の技ですし、その必要もありません。チャレンジの根幹のイメージをつかんでおけば、あとは応用ができます。

たとえば、迷路があって、その入口の前に立つ人間のイメージを challenge と結びつけて覚えておくのです。何か困難に立ち向かって行くイメージです。そこで、He challenged me to get his purse. とあれば、「あいつは財布を取ってみろと挑発した」と類推することができます。

私はそれをマイクロソフトのパワーポイントというプレゼンソフトを使って、1 枚のカードにして、高校卒業までに習う 1500 語ほどを保存しています。watch だとか window などの、すでに自分のものとなった単語は省略してあります。

その具体的な方法をこれからお話しします。けっこう評判がよくて、ノウハウを教えた他の教師たちからは、おもしろくて役に立つと評価してもらっています。

注意していただきたいのは、ネットから単語に合わせて画像を取り込むのですが、それは使用フリーなものと、そうでないものがあります。自分個人用であれば、どちらでも問題はないのですが、外で公表する場合などはフリーのものに限ります。

覚えにくい単語

授業で英単語を教える場合、綴りと絵を見せながら生徒たちに何度か発音させ、それから日本語を見せるようにしています。いわゆる**フラッシュカード**と呼ばれるものです。そのやり方をパワーポイントを使ってコンピュータに移し替えたと思ってください。

単語で複数の意味がある場合は、その代表的なものを表示しておくようにします。イメージを見て単語の意味が思いつくようになったら、その日本語を消してしまいます。また、完全に覚えたと思ったら、単語自体をリストから消去します。

①画像＋英語＋日本語　で音読をする
②画像＋英語　　　　　で音読をする
③画像　　　　　　　　で音読をする

イメージの拾い方は、先にもいいましたように、その言葉の核となるイメージを選び出すということです。たとえば、elusiveは「つかみどころがない」という意味の言葉で、なかなか覚えにくいのですが、テニスの球などが石ころか何かに当たってイレギュラーな飛び方をする絵など、ぴったりと核心を衝いているものを見つけると、記憶のいい手助けになります。

いろいろな意味を持つ単語は、じつは基本的な単語が多い。 haveとかtakeとか、そういう単語ですが、これは学習者がある程度、クリアしている単語ですから、あえて高校での単語帳に入れる必要はなく、生徒がイメージしにくい単語のみを作成しています。

覚えにくいのは、比較的意味の少ない、限定的な使い方をする単語です。たとえば、先のelusiveなどが、それです。あと綴りが似た単語は、混同して、覚えにくい。elusive（とらえどころのない）、exclusive（排他的な）、eligible（適格な）などは、綴りと音が似ているので、覚えるのが難しい。それをイメージ化してみると、まったく違う絵となり、区別がつくようになります。

パワーポイントで語彙集を作る

パワーポイントで語彙集を作る簡単な手順を説明をしましょう（P220〜参照）。

まずGoogleの検索画面で、たとえばdisguiseと入れます。すると、四角に囲まれて、「disguise：変装する」と出てきます。その上のほうにある「画像」をクリックすると、関連する写真、絵がたくさん出てきます。その中から、生徒たちにとってインパクトのある写真を選び出します。

「これおもしろそうだな」と思ったらコピーして、パワーポイントに張り付けます。

音を入れたいときは、先のグーグル検索の四角の下に、電子辞書のweblioの記載があるので、それをクリックします。「プレイヤー再生」をクリックすると、ダウンロードができるので、それをドローして、先のdisguiseのパワーポイントの画面に張り付けます。

これで、文字と絵と音が一緒になったカードができ上がります。

昔、単語集を作った人もいると思いますが、あれは単語と意味だけを表記しただけなので、記憶するうえでとっかかりが少ない。

パワーポイントの単語帳は、単語の順番を入れ替えて、自分の覚えにくいものを上に持ってくることもできます。「スライドショー」で、上位にある単語だけ復習することもできます。

これを使って練習すると、イメージを見ただけで、その英単語が思い浮かぶようになります。**イメージした瞬間にその語彙が出てこないと実際に使える語彙とはいえない**のです。

私は、語彙学習というのは単に英語と日本語の対応を覚えるのではそれほど意味がなく、ここまでやらないとダメだと考えています。

ポイントは音とイメージの結びつき

中学にはピクチャーカードというのがありますが、教育的ではあるのですが、絵にインパクトがないので記憶に結びつきにくいのが難点です。

私は教員になったときから、音とイメージの結びつきは、絶対に大切だと思っていました。

ものを見て英語が出てこないとダメですし、イメージしたものを英語にしないとダメだと考えていました。いったん日本語を考えてから英語にするようでは、実践の役に立ちません。たとえば、テレビジョンというときは、テレビの形をぼんやり浮かべているはずです。

20年以上前に、教員を始めたころは、パソコンなどの環境が整っていなかったので、画用紙に自分で下手くそな絵を描いていました。

パワーポイントが出てきたときに、やっとこれで自分の考えていることを具体化できると思いました。紙は場所をとりますし、劣化もします。パワーポイントだとストックできますし、何千語あったとしても必要なときに検索をかけて目当ての単語を見つけることもできます。ツールバーの「ホーム」をクリックし、右端にある「検索」を選べばいいのです。

単語の難易度で順番を変えることもできます（単語カードでもやっていたやり方）。パワーポイントからテレビに映すこともできます。

画像をネットから探して、取り込んだりしているうちに、イメージと単語を覚えてしまうこともあります。データを人とシェアすることもできます。スポーツが得意な人、経済が得意な人……それぞれで収集している単語が違うので、譲り合うと、豊富な語彙集ができます。

イメージを選ぶときのコツは、先にも触れましたが、インパクトのあるイメージで、「あっ disguise ってこうなんだ！」と驚きのあるような、あとで思い返してくっきりとイメージが浮かぶものがいいでしょう。

抽象的な単語の場合、なるべく具体的な、インパクトのあるイメージを選ぶのが基本です。ニュースなどに出てくる単語はけっこう、抽象的なものが多いので、覚えにくいのです。

高校生レベルの新出単語を収集

私の収集した単語は、高校生の教科書レベルの新出単語です。そんなに難しい単語ではありませんが、なかには覚えにくいものもあります。

高校の教科書では新出単語として 1600 ～ 1700 ぐらいの単語を習います。簡単な単語を除き、わが校の生徒に合わせているので、5000 語レベルのもたくさん入っています。5000 語だと英検では準 2 級～ 2 級といったところです。

パワーポイントで語彙集を作る場合、どの画像が自分にとってインパクトがあるかは人によって違います。だから、これはあくまで個人でやるものです。仮に市販されているものがあっても、自分に響いてこないような教材はあまり役に立ちません。

センテンスやイディオムも、この方法で集めるといいでしょう。複数の意味がある場合には、複数のイメージを載せてもいいでしょう。そこは、使い勝手がいいように、自分で工夫をしてみてください。

チャレンジ challnge のような単語は、すぐ「挑戦」の意味を思い浮かべますが、辞書を見れば、課題、試練、やりがいのある仕事など、と出てきます。思い込みを排して、辞書でチェックもしたうえで、語彙集を作るといいでしょう。

単語にイメージを添えるのは、なるべくふくらみのある覚え方をしたいからです。

語彙の覚え方にしても、リスニングにしても、目的を明快にした練習法が効果的です。私が紹介している方法論はすべて実践的で、デイベートで勝つためのものです。そのための力強い武器を持とうということです。

私は紙の辞書にもこだわりません。紙の辞書は分厚くて、引くのに時間がかかる、という欠点があります。わざわざ引っ張り出してきて調べるのが億劫で、紙の辞書を使わない人がいます。そういうときにこそ、**電子辞書の出番**です。

電子辞書は、発音を確認できるし、引いた単語を記録できますし、検索も速い。とても便利で、これを使わない手はない、と思います。

パワーポイントによる英単語帳作成法

①パソコンで単語〔disguise 変装する〕を打ち込む

②検索した単語が出てくる。囲みのすぐ上にある「画像」の文字をクリックする

「画像」をクリック

③いろいろな絵が出てくる。これだ、というものをクリックし、抽出した画像を右クリックで「コピー」を選ぶ

自分にとってインパクトのある絵や写真を選ぶ

④ PC はそのままにして、パワーポイントを開く。「新しいプレゼンテーション」をクリックする。上下に単語を入れられるようになっている。上に英単語を入力し、下に日本語を入れる

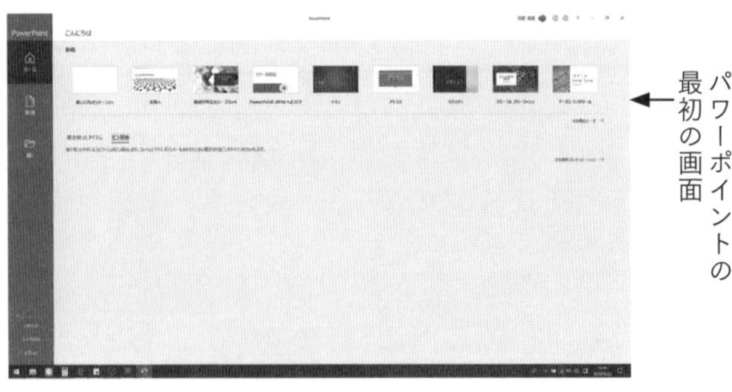

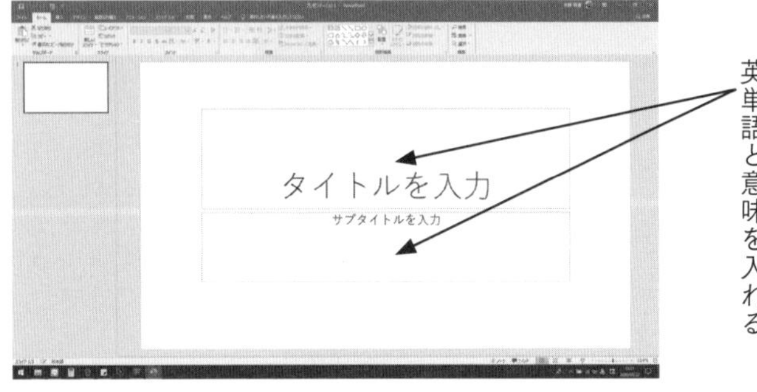

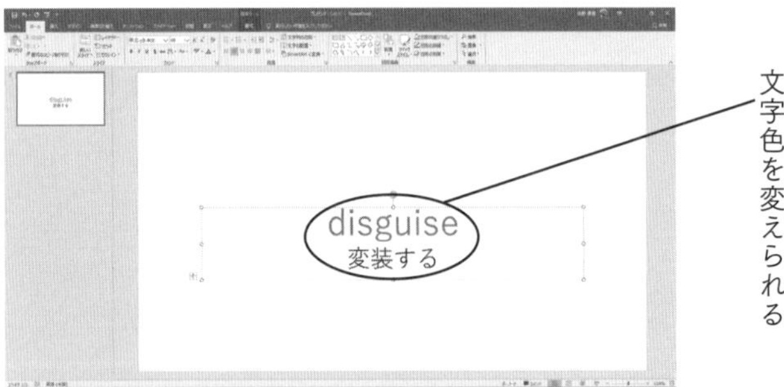

⑤そこに右クリックで、先のPCから選んだ画像を張り付ける。

右クリックで「最背面に移動」を選び、文字を前に出す。文字の色を変えて見やすくすることもできるし、絵も移動、拡大縮小することができる。アクセントのある部分の文字色を変えることもできる

⑥PC画面に戻り、囲みの下にあるweblioのサイトをクリック。「プレイヤー再生」をクリックすると、別のウインドウが出てくるので、ダウンロードマーク↓をクリックする。そのダウンロードしたものをドローして、PCの画面の外に出し、今度は先のパワーポイントの空きスペースにそれをドローする。マークをクリックすると、その単語の音が聞こえる（マイクロソフト・オフィスの無料版パワーポイントでは、weblioの拡張子が適合せず、音声が挿入できません）

⑦左端にサムネイルができるので、それを右クリック。「スライドの複製」を選び、何度も繰り返す。次回からはそれをひな形に打ち込んでいくだけでいい

⑧打ち込んだすべての単語を見たいときは、上部ツールバーの「表示」をクリックし、ウインドウから「スライド一覧」をクリック。登録したすべての単語が表示される

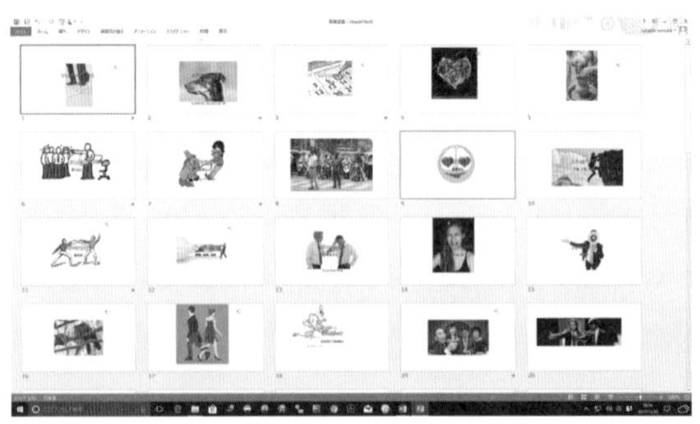

高校生の単語問題

私が収集した高校生レベルの単語で、やや難しそうなものだけをピックアップしてみました。パワーポイントにランダムに

入力したものなので、アルファベット順にはなっていません。

単語の意味を答えてください。解答は次ページにあります。

〈高校生の学ぶ単語〉

homogeneous
harsh
orbit
fluid
submit
carriage
locomotive
epidemic
persecution
viaduct
objective
prestigious
merge
allot
rotate
classification
tumor
soggy
specify
sphere
longitude
crop
hinder

semiconductor
confine
nasal
congestion
naval
hydraulic
steep
infection
enhance
postcard-style
annual
anthem
linguistic
designate
recipient
molecule
refrain
overwhelm
Christianity
latitude
clay
surplus
validity

immutable
prosecution
fierce
subscribe
particle
diameter
comprise
defeat
distinct
citrus
subtle
reluctant
conventional
bookkeeper
firm
gameconsole
friction
broom
concentric
lush
peel
mandarin
punctual
self-esteem

〈解答〉

homogeneous（同類の）
harsh（過酷な）
orbit（軌道）
fluid（流動的な）
submit（提出する）
carriage（馬車）
locomotive（機関車）
epidemic（流行性の）
persecution（迫害）
viaduct（陸橋）
objective（目標）
prestigious（一流の）
semiconductor（半導体）
confine（制限する）
nasal（鼻の）
congestion（密集）
naval（海軍の）
hydraulic（水圧の）
steep（急勾配の）
infection（感染）
enhance（高める）
postcard-style（絵葉書風の）
annual（例年の）
anthem（国歌）

merge（合併）
allot（割り振る）
rotate（回転させる）
classification（分類）
tumor（腫瘍）
soggy（びしょ濡れ）
specify（指定する）
sphere（球体）
longitude（経度）
crop（収穫物）
hinder（邪魔する）
immutable（不変の）
prosecution（検察）
fierce（獰猛な）
subscribe（購読する）
particle（粒子）
diameter（直径）
comprise（～から成る）
defeat（打ち負かす）
distinct（明瞭な）
citrus（柑橘類）
subtle（微妙な）
reluctant（渋々の）
linguistic（言語の）
designate（指名する）
recipient（受取人）
molecule（分子）
refrain（差し控える）
overwhelm（圧倒する）
Christianity（キリスト教）
latitude（緯度）
clay（粘土）
surplus（余分）
validity（信頼性）
conventional（平凡な）
bookkeeper（帳簿係）
firm（会社）
gameconsole（ゲーム機）
friction（摩擦）
broom（箒）
concentric（同心の）
lush（青々とした）
peel（皮をむく）
mandarin（みかん）
punctual（時間を守る）
self-esteem（自尊心）

いかがでしょう、かなりハイレベルな単語を高校段階で習っていることが分かります。

文法、構文も、必要なものはほぼ授業で習います。**中学、高校の教科書を実践的にやり直すというのは、とてもいい方法**だと思います。

社会人の方で語彙を効率的に増やそうと考えている人も、パワーポイントに覚えにくい単語や難解な単語とイメージを結びつけて保存しておくと、お手軽に復習することができます。

絵を見て、音を聞いて、発音することで、苦手な単語も自分のものになっていきます。

装幀　　　　三枝未央
企画・編集　木村隆司（木村企画室）
編集協力　　Office Yuki
編集　　　　松原健一（実務教育出版）
DTP　　　　キャップス

著書紹介

浜野清澄（はまの・きよずみ）

埼玉県立桶川西高校、市立浦和高校で教員経験 25 年になる。市立浦和高インターアクト部でディベートを始めて 14 年目。全国高校生英語ディベート大会で 3 回優勝（2010 年、2015 年、2017 年）、その翌年、それぞれスコットランド、タイ、チェコで開催された世界大会に駒を進めた。日本代表としてさまざまな世界・国際ディベート大会に 9 度参加。

（一社）全国高校生英語ディベート連盟（HEnDA）国際委員会委員。（一社）日本高校生パーラメンタリーディベート連盟（HPDU）理事。埼玉県高校英語教育研究会（高英研）副幹事長。千葉県・茨城県・群馬県・山梨県・静岡県英語ディベート研修会講師。2015 年度 埼玉県グローバル賞受賞（インターアクト部）。2018 年度、文部科学大臣優秀教職員受賞。

著書に『Unicorn3』（文英堂教科書、共同執筆）、『Essential』『Mastery』（共に桐原書店、教員用指導書共同執筆および生徒用ワークシートの作成）、『Crown』（三省堂）、『Global Issues』（Oxford University）の生徒用ワークシート作成などがある。

まったく話せない高校生が
半年で話せるようになり1年で議論できるようになる
英語習得法

2020 年 7 月 10 日　初版第 1 刷発行

著　者　　浜野 清澄
発行者　　小山 隆之
発行所　　**株式会社実務教育出版**
163-8671 東京都新宿区新宿 1-1-12
電話　03-3355-1812（編集）　03-3355-1951（販売）
振替　00160-0-78270

印刷／製本　　図書印刷

ISBN978-4-7889-2800-8 C0082